Michiko Yusa

Japanische Religionen

HERDER spektrum

Band 5865

Das Buch

Japan: das ist nicht nur die führende Wirtschaftsmacht, der moderne Industriestaat, die lebhafte Popkultur. Japan ist eine komplexe Mischung aus Altem und Neuem, und die japanische Kultur ist nicht zu verstehen ohne die Kenntnis der großen religiösen Bewegungen. Dieser Band bietet einen Überblick: Michiko Yusa, Professor für Japanische und Ostasatiasche Studien in Washington, erläutert Grundbegriffe und stellt die Traditionen des Shintoismus, des Buddhismus und populärer moderner Bewegungen und ihre Rituale vor – viele kulturelle Bräuche haben einen religiösen Ursprung. Yusa erklärt die zentralen Merkmale der Religionen in Japan, erzählt von der Bedeutung der Schreine und den religiösen Schlüsselfiguren. Eine wesentliche Hilfe für westliche Leser: der Autor erörtert die philosophischen Fragen, die auch unsere westliche Kultur prägen.
Für alle, die das Land und seine Kultur besser verstehen wollen: eine kompakte Einführung in die Religionen Japans. Mit Zeittafel, Glossar, einer Aussprachehilfe und einem Überblick über die wichtigsten Feste und Feiertage.

Die Autorin

Michiko Yusa ist Professorin für Japanische und Ostasiatische Studien an der Western Washington University, Bellingham, Washington. Zahlreiche Veröffentlichungen.

Michiko Yusa

Japanische Religionen

Spannung zwischen Tradition und Moderne

Aus dem Amerikanischen von Annette Nau

HERDER

FREIBURG · BASEL · WIEN

Titel der Originalausgabe: Japanese Religions
This book was designed and produced by

Gedruckt auf umweltfreundlichem, chlorferi gebleichtem Papier

Deutsche Erstausgabe

www.herder.de
Satz: Barbara Herrmann, Freiburg
Druck und Bindung: fgb · freiburger graphische betriebe 2007
www.fgb.de
Umschlaggestaltung und Konzeption:
R·M·E München / Roland Eschlbeck, Liana Tuchel
Umschlagfoto: © Richard T. Nowitz/Corbis
ISBN 978-3-451-05865-3

Inhalt

Vorwort

In einer Welt, in der globale Beziehungen immer intensiver werden, ist es unabdingbar, dass unterschiedliche Länder und Kulturen sich gegenseitig verstehen. Viele Menschen in Europa und den USA besitzen bereits gewisse Kenntnisse über Japan, die sie etwa durch Austauschstudenten oder bei eigenen Reisen in dieses Land erworben haben. Meist wird Japan jedoch vor allem in seiner modernen Rolle als führende Wirtschaftsmacht gesehen, während seine unverwechselbare humanistische Tradition oftmals keine Beachtung findet. Die japanische Kultur ist eine komplexe Mischung aus Altem und Neuem, und da die verschiedenen Religionen Japans eine zentrale Rolle bei der Entwicklung dieser Kultur gespielt haben, dienen sie als Fenster zur Identitätswahrnehmung der Japaner.

Auf den folgenden Seiten werde ich chronologisch vorgehen, um die Religionen Japans näher zu untersuchen. Religiöse Ereignisse, Entwicklungen und Bräuche habe ich in den Zeitrahmen der japanischen Geschichte eingebettet und dabei auch Japans Beziehungen zur westlichen Welt berücksichtigt. Ich hoffe, dass Ihnen dieser kleine Band zu einem besseren Verständnis der spirituellen Traditionen Japans verhilft.

Im Rahmen der Vorbereitungen für dieses Buch habe ich im Sommer 2000 zahlreiche Reisen zu den heiligen Stätten Japans unternommen. Ich danke Professor A. Mineshima, der so freundlich war, mich in Tokyo durch Zojoji, den Haupttempel der Schule des Reinen Landes, zu führen. Außerdem danke ich Professor Z. Hidaka, dem Vorsteher des Sanboin-Tempels auf dem Berg Koya. Obwohl ich nicht über die Religion der Ainu geschrieben habe, konnte ich von Dr. S. Kayano bei einem Treffen in Nibutani auf der Insel Hokkaido viel über diese Ethnie erfahren.

Zu großem Dank verpflichtet bin ich außerdem japanischen Wissenschaftlern wie Kanaoka Shuyu, Ishida Mizumaro, Miyasaki Yusho, Kino Kazuyoshi, Nakamura Hijime, Murakami Shigeyoshi, Tamura Encho und vielen anderen, deren Werke sehr hilfreich für mich waren.

Mein besonderer Dank gilt Professor Edward Kaplan, meinem Kollegen an der Western Washington University, der meine frühen Entwürfe gelesen und fachkundig kommentiert hat. Ebenso bedanke ich mich bei Melanie White, Richard Mason, Kate Tuckett, Eleanor Van Zandt und Julia Ruxton von der Laurence King Publishing Ltd., ohne deren unermüdliches Engagement dieses Buch nicht zustande gekommen wäre. Zu besonderem Dank verpflichtet bin ich Christine Davis, meiner Lektorin, sowie allen anderen, die dieses Buch gelesen und mich durch ihre hilfreichen Kommentare weitergebracht haben. Ich danke der Western Washington University für ihre finanzielle Unterstützung.

Leider werde ich nie erfahren, was Professor Ninian Smart zu meinem Werk gesagt hätte, aber ich hoffe, er wäre nicht enttäuscht gewesen. Von ganzem Herzen widme ich dieses kleine, aber wertvolle Buch Ninian und seiner lieben Frau Libushka.

Michiko Yusa
September 2001

1

Japanische Religionen in Vergangenheit und Gegenwart

Chronologischer Zeitrahmen

Wie jede Religion der Welt entwickelte und veränderte sich auch der japanische Glaube mit der Zeit. Will man die Religion Japans heutzutage verstehen, muss man mit den verschiedenen historischen Entwicklungen vertraut sein. Man sollte zum Beispiel wissen, wie der Buddhismus nach Japan kam, inwiefern sich Buddhismus und der traditionelle Shinto-Glaube gegenseitig beeinflussten und wie Buddhismus und Shinto die spätere religiöse Landschaft in Japan prägten. Im Laufe der Jahrhunderte entstanden neue Vorstellungen, rituelle Bräuche und Überzeugungen, von denen manche wieder verschwanden, während andere, zum Teil sehr alte, bis zum heutigen Tag überdauern. Der vorliegende Band verfolgt einen chronologischen Ansatz, um diese Entwicklungen nachzuvollziehen und – wie ich hoffe – verständlich zu machen.

Die historischen Perioden und Religionen Japans – Ein kurzer Überblick

Die japanische Geschichte unterteilt sich in „Perioden“, die nach verschiedenen Kriterien benannt sind. So sind zum Beispiel die Jomon-Periode (ca. 11 000? v. Chr. – ca. 300 v. Chr.) und die Yayoi-Periode (ca. 300 v. Chr. – 200 n. Chr.) durch bedeutende technische Veränderungen gekennzeichnet, von denen die Stile der aus diesen Perioden stammenden Ton- und Töpferwaren zeugen. Während „Jomon" auf das „Schnurmuster" der Tonscherbenfunde aus dieser Zeit verweist, ist „Yayoi" der Name der Ausgrabungsstätte in Tokyo, an der man jüngere Tonwaren fand, die mit Hilfe einer Töpferscheibe hergestellt worden sind. Diese technische Veränderung wird der Ankunft einer neuen Kultur zugeschrieben, die vom chinesischen Festland und der koreanischen Halbinsel nach Japan kam. Die Yamoto-Periode (200 n. Chr. - ca. 500 n. Chr.) erhielt ihren Namen von der Region, in der damals der mächtigste Klan herrschte. Dieser unterwarf schlussendlich die anderen Klans und wurde zu Japans Kaisergeschlecht. Ein anderer Name für diese Periode, Kofun (Tumuli), bezieht sich auf die weitläufigen Hügelgräber, in denen die Oberhäupter der Klans beigesetzt wurden.

Archäologische Grabungen und Funde verändern laufend unser Bild der frühen japanischen Geschichte und stellen viele unserer Annahmen über das Leben und die religiösen Bräuche der Menschen im Altertum in Frage. Zweifellos wird die Wissenschaft letzten Endes viele Geheimnisse enthüllen. Bis dahin müssen wir uns aber mit dem begnügen, was wir aus den ältesten noch erhaltenen Schriften der Chinesen und der frühen japanischen Geschichtsschreiber wissen, also aus den *Aufzeichnungen alter Geschehnisse* (*Kojiki*, vollendet 712 n. Chr.) und den *Chroniken Japans* (*Nihongi*, vollendet 720 n. Chr.). Im Allgemeinen wird jedoch vermutet, dass während der Jomon-Periode der Animismus vorherrschte und sich der Ahnenkult während der Yayoi-Periode entwickelte. Die Verehrung der *kami* (Naturwesen, Stammesgottheiten oder Götter), der Brauch der rituellen Reinigung und die Deutung von Prophezeiungen und Orakelsprüchen, die von schamanistischen Medien ausgesprochen wurden, sind alles bedeutende Merkmale des frühen Shinto-Glaubens.

Während der Asuka-Periode (ca. 500 n. Chr. - ca. 645 n. Chr.), die nach der geographischen Lage einer frühen

Hauptstadt benannt ist, nahm der Kontakt zu Korea und China zu. Viele Koreaner emigrierten nach Japan und brachten vom Festland einen höheren Bildungsstand und weiter entwickelte Fertigkeiten mit sich. Dazu gehörten unter anderem Architektur und Technik, das Kalendersystem und die klassischen chinesischen Lehren des **Konfuzianismus, Daoismus** und Legalismus. Auch der Buddhismus gelangte 538 n. Chr. von Korea nach Japan und stand bald schon unter kaiserlichem Patronat.

Durch die Taika-Reform im Jahr 645 etablierte die kaiserliche Familie eine zentralisierte Form der Regierung, indem sie das chinesische Rechtssystem (*ritsuryo*) übernahm. Diese Periode ist als Hakuho-Periode (ca. 645–710) bekannt – ein Name, der aus der Kunstgeschichte entliehen ist. Die fortschrittliche chinesische Kultur der Tang-Dynastie (618–907) faszinierte die japanischen Herrscher und wurde von ihnen bereitwillig übernommen. Dies führte zu einer Blütezeit der Kunst und Literatur in Japan. Der Buddhismus fasste zu dieser Zeit rasch Fuß, während bedeutende Shinto-Schreine ebenfalls unter kaiserlicher Schutzherrschaft standen.

Die Zentralisierung der politischen Macht durch die kaiserliche Familie spiegelte sich im Bau einer neuen Hauptstadt, Nara, wieder, nach der die folgende Periode (710–784) benannt ist. Die Stadt wurde nach dem Vorbild der Hauptstadt der chinesischen Tang-Dynastie, Chang'an, angelegt. Nara – auch bekannt unter dem Namen Heijoko, „Hauptstadt des friedlichen Palasts“ – war geschmückt mit prächtigen buddhistischen Mönchs- und Nonnenklöstern. Die Große Buddha-Statue im Todaiji-Tempel zeugt von der enormen Bedeutung, die der Buddhismus in jener Zeit hatte.

Im Jahr 784 verließ der kaiserliche Hof Nara und gründete zehn Jahre später eine neue Hauptstadt, Heiankyo („friedliche Hauptstadt“), die später in Kyoto umbenannt wurde. Zu Beginn der Heian-Periode (794–1192) wurden zwei buddhistische Klöster gegründet, eines auf dem Berg Hiei (von der

Tendai-Schule) und eines auf dem Berg Koya (von der **Shingon**-Schule). Beide Schulen konnten sich dank des Wohlwollens, das sie vonseiten des Kaiserhofs und dessen Hofadligen genossen, rasch vergrößern. Als sich ab der Mitte der Heian-Periode ein allgemeines Gefühl der Unsicherheit ausbreitete, wandten sich die Menschen vermehrt dem Buddhismus zu, von dem sie sich Erlösung erhofften. Ganz besonders wurde **Amida Buddha** verehrt. Bis zur Mitte der Heian-Periode hatte sich außerdem aus den Wächtern der Provinzen die Kaste der Samurai (Krieger) entwickelt. Die Machtkämpfe der Adligen entwickelten sich mit der Zeit zu militärischen Konflikten, in die die beiden mächtigsten Kriegerklans – die Taira (oder Heike) und die Minamoto (oder Genji) – involviert waren. Als die Taira-Familie schließlich besiegt wurde, verloren die Adligen ihren politischen Einfluss.

Im Jahr 1192 verlieh der Kaiserhof Yoritomo (1147–99), dem Oberhaupt des Minamoto-Geschlechts, den Titel des Shoguns (Oberbefehlshaber). Yorimoto gründete daraufhin eine Militärverwaltung (Shogunat) in der Region Kamakura, die dieser Periode (1192–1333) ihren Namen gab. Nach Yorimotos Tod ergriffen seine Frau Masako und ihr Vater, der Regent Hojo Tokimasa, die politische Macht und regierten gemeinsam das Shogunat. Während dieser Periode entstanden etliche neue buddhistische Schulen. Die bedeutendsten darunter sind die **Schule des Reinen Landes**, die **Wahre Schule des Reinen Landes**, die **Zen-Schule** und die **Nichiren-Schule**.

Auf dem chinesischen Festland gründete Kublai Khan (1215–94), der gesalbte Führer der Mongolen, 1271 die Yüan-Dynastie und entmachtete 1279 die Südliche Sung-Dynastie. In den Jahren 1274 und 1281 versuchten die Mongolen, in Japan einzumarschieren und das Land zu unterwerfen. Beide Versuche blieben jedoch erfolglos, da den Japanern günstig stehenden Taifun-Winde zu Hilfe kamen. Die scheinbar übernatürliche Errettung aus dieser großen Gefahr veranlasste die Japaner zu glauben, die Taifun-Winde seien von den Göttern geschickt worden, um das „göttliche Land“ (**shinkoku**) zu schützen, und deshalb heilig (**kamikaze**).

Im Jahr 1333 versuchte Kaiser Godaigo (Amtszeit 1318–39) die politische Macht des Shogunats durch einen Staatsstreich zurückzugewinnen, und dank der militärischen Strategie von Ashikaga Takauji (1305–58) gelang es ihm tatsächlich, den Hojo-Regenten zu besiegen. Takauji erhob jedoch Anspruch auf den Titel des Shoguns, wendete sich 1336 gegen Godaigo und setzte einen neuen Kaiser an dessen Stelle ein. Der entmachtete Kaiser floh nach Yoshino, nahm die **drei kaiserlichen Insignien** mit sich und gründete im Süden seinen eigenen Hof. Es folgte eine Zeit, in der Japan zwei Kaiser hatte. Diese Periode ist bekannt als die Süd- und Nordhof-Zeit (1336–92). Takauji wurde 1338 zum Shogun ernannt und wählte den Kyoter Stadtteil Muromachi, nach dem die Muromachi-Periode (1336–1573) benannt ist, zum Regierungssitz seines Shogunats. Dem Beispiel Takaujis folgend unterstützten viele Ashikaja-Shogune den Zen-Buddhismus. Die Vorliebe der Shogune verhalf der vom Zen inspirierten Kultur zu einer Blütezeit. Auch die buddhistischen Schulen, die während der Kamakura-Periode entstanden waren, fanden in dieser Zeit immer mehr Zulauf.

Das Ashikaga-Shogunat war gebeutelt von inneren Machtkämpfen zwischen seinen Regenten. Nach dem Onin-Krieg (1467–77), in dem Kyoto zerstört wurde, nahm die politische Macht des Shogunats dramatisch ab, und das Land zerfiel in zahlreiche Kleinstaaten. Die Ressourcen des Shogunats wurden immer geringer und die kaiserliche Familie verarmte zusehends. In dieser Zeit setzte man die regelmäßige Erneuerung des Ise-Schreins (siehe Kapitel 2) aus. Die zweite Hälfte der Muromachi-Periode ist besser bekannt unter dem Namen Sengoku-Periode („Zeit der streitenden Reiche“). Das Land war in verschiedenen Territorien unterteilt, die von autonomen Kriegsherren (*daimyo*) besetzt waren. Diese kämpften alle um die politische Macht über Japan. Obwohl die Periode von andauernden, oft barbarischen Kämpfen geprägt war, war sie auch eine dynamische Zeit, da sie jedem, der ein militärisches Talent besaß, enorme Aufstiegsmöglichkeiten bot. In dieses vom Krieg zerrüttete Japan führte Franz Xaver im Jahr 1549 das Christentum ein.

Im Jahr 1573 setzte sich Oda Nobunaga (1538–98) gegen die anderen Kriegsherrscher durch und marschierte in Kyoto ein. Daraufhin trat der letzte Ashikaga-Shogun zurück und beendete so die Muromachi-Periode. Nach der Ermordung Nobunagas führte sein General Toyotomi Hideyoshi (1538–98) die militärische Offensive zur Einigung Japans fort und brachte sie schließlich im Jahr 1590 erfolgreich zu Ende. Diese Zeit der als Helden verehrten Kriegsherrscher ist als Azuchi-Momoyama-Periode (1573–1603) bekannt. Sie erhielt ihren Namen von den beiden Standorten, an denen Nobunaga und Hideyoshi majestätische Festungen errichtet hatten. Nobunaga unterstützte das Christentum, von dem er sich erhoffte, es würde die politische Macht des Buddhismus einschränken. Hideyoshis Reaktion auf das Christentum war ambivalent. Anfangs befürwortete er es, später stand er ihm allerdings eher skeptisch gegenüber.

Nach dem Tod Hideyoshis im Jahr 1598 ergriff einer seiner Verbündeten, Tokugawa Ieyasu (1542–1616), die Macht. 1603 wurde er vom Kaiser zum Shogun ernannt und gründete das Shogunat in Edo (heute Tokyo). Während der Edo- (oder Tokugawa-)Periode wurden den Bürgern vom Shogunat zahlreiche Einschränkungen auferlegt, durch die ein starres Feudalsystem aufrechterhalten werden sollte. Zudem war es Schiffen aus dem Westen fast gar nicht mehr gestattet, japanische Häfen anzulaufen. Das Christentum wurde verboten und der Buddhismus erlangte gewissermaßen den Status einer Nationalreligion. Während neokonfuzianische Lehren großen Zuspruch fanden, erfreuten sich nationalistische Auslegungen des Shinto ebenfalls vieler Anhänger. Im frühen neunzehnten Jahrhundert entstanden etliche neue religiöse Bewegungen.

Im Oktober 1867 dankte der letzte Tokugawa-Shogun freiwillig ab. Im darauffolgenden Jahr wurde dem Kaiser die politische Macht übertragen (oder zurückgegeben) – ein Ereignis, das als die Meiji-Restauration von 1868 bekannt ist. Man beschloss, eine Periode fortan nach der Regentschaft des jeweiligen Kaisers zu benennen. Während der Meiji-Periode (1868–1912) – was soviel bedeutet wie „leuchtende Herrschaft" – bemühte sich die Regierung darum, Japan nach europäischem und nordamerikanischem Vorbild zu modernisieren. Sie förderte die Schwerindustrie und vergrößerte die Armee. Das Verbot des Christentums wurde in dieser Zeit wieder aufgehoben. Um dem beabsichtigten Bruch mit der Vergangenheit Ausdruck zu verleihen, begann die Regierung, den Shinto als Staatsreligion zu etablieren, indem sie ihn streng vom Buddhismus abgrenzte. Zudem keimte im Volk ein neues Interesse an spirituellen Fragen auf.

Nach dem Tod des Meiji-Kaisers Mutsuhito im Jahr 1912 bestieg Kronprinz Yoshihito den Thron. Dieses Ereignis leitete die Taisho-Periode (1912–26) ein. Taisho bedeutet soviel wie „große Gerechtigkeit". Für kurze Zeit erfuhr die aus dem Westen übernommene Demokratie einen Aufschwung, und sozialistische Bewegungen verbreiteten sich schnell im Land. Die Regierung litt jedoch unter großen finanziellen Schwierigkeiten, die schließlich zu Unruhen im Volk führten. Etwa zur selben Zeit entstanden etliche buddhistische Schulen, die von Laien gegründet wurden. Nach dem Tod seines Vaters wurde Kronprinz Hirohito 1926 zum Kaiser gekrönt. Die Zeit seiner Herrschaft ist als Showa-Periode (1926–89) bekannt. Showa bedeutet „Erleuchteter Frieden" und steht für eine Zeit der „inneren Stabilität und Kooperation mit anderen Staaten". Während der 30er Jahre des letzen Jahrhunderts, in einer Zeit also, in der verstärkt militärische Expansionspolitik betrieben wurde, erhob man Shinto-Riten in den Status einer Staatsreligion und machte sie zum „Staats-Shinto" (oder *Kokka Shinto*).

Mit Japans bedingungsloser Kapitulation endete 1945 der Zweite Weltkrieg. Die Alliierten besetzten das Land und versuchten, dem Staats-Shinto durch eine strenge Trennung von Religion und Staat seinen politischen Einfluss zu nehmen. Ab 1960 erlebte Japan eine rapide Verstädterung und machte große Fortschritte im Bereich der Technik – eine Entwicklung, die ein spirituelles Vakuum hervorrief. Um diese Lücke zu füllen, schlossen sich viele Menschen den religiösen Schulen an, die sich in den 1920ern und 1930ern entwickelt hatten. Zudem entstand eine Anzahl an neueren Sekten. In den 1970ern und 1980ern wurde erneut eine Vielzahl an Sekten gegründet, die „neu-neue Religionen" genannt werden. Nach dem Tod des Kaisers Hirohito am 8. Januar 1989 bestieg Kronprinz Akihito den Thron und leitete damit die Heisei-Periode („Frieden überall") ein.

Merkmale japanischer Religionen

Japanische Religiosität ist im Wesentlichen eine Mischung aus Shinto und Buddhismus. Zudem enthält sie religiöse Elemente aus dem Konfuzianismus, dem Volksdaoismus und anderen traditionellen Glaubensrichtungen, die in die Bräuche des Shinto und des Buddhismus integriert worden sind.

Das Wort „Shinto" bezeichnet in diesem Buch nicht eine bestimmte Form des Shinto, sondern bezieht sich auf die traditionellen Bräuche und religiösen Vorstellungen, die im Altertum entstanden und heute noch immer als eine Art kulturelle und spirituelle Matrix tief im japanischen Gedankengut verwurzelt sind. Diese vom Shinto geprägte Mentalität ist im Allgemeinen stark diesseitsbezogen, und die Menschen sehen Gesundheit, Wohlstand und Glück als Zeichen dafür an, dass die *kami*, also Götter und andere übernatürliche Mächte, schützend die Hand über sie halten.

Die meisten buddhistischen Sekten in Japan gehören der

Mayahana-Schule (siehe Kapitel 3) an. Die vom Buddhismus vermittelte Überzeugung, dass jedes Lebewesen vom Leid erlöst werden kann, vertiefte das spirituelle Bewusstsein der Menschen und schärfte ihren Sinn für Moral. Schnell hatten die Japaner die buddhistischen Lehren verinnerlicht und bis heute ist ihre Kultur durch und durch von Buddhismus und Shinto geprägt. So kommt zum Beispiel das Wort *dan'na* – die japanische Bezeichnung für Hausherr – aus dem Sanskrit (*dāna*, „Almosenspende" oder „religiöse Spende") und gelangte über den Buddhismus in die japanische Sprache.

Shinto und Buddhismus haben sich in vielerlei Hinsicht gegenseitig beeinflusst, im Alltag der Menschen decken die beiden Religionen allerdings verschiedene „Aufgabenfelder" ab. Luis de Almeida, ein portugiesischer Jesuit, der im Mai 1565 den Kasuga-Schrein in Nara besuchte, stellte fest, dass die Japaner für ein langes Leben, Gesundheit, Reichtum, Ruhm und alle anderen weltlichen Belange zu den *kami* (Gottheiten) beten, während sie sich für ihre persönliche religiöse Erlösung an *Hotoke* (Buddha) wenden.[1] Bemerkenswerterweise hat sich diese „Arbeitsteilung" bis heute gehalten.

Religionen im heutigen Japan

Zuweilen wird behauptet, dass die Japaner „als Shintoisten geboren werden und als Buddhisten sterben". Manche Japaner sind jedoch anderer Meinung und sagen, dass sie „als Shintoisten sterben", weil ihnen der Gedanke, dass sie nach ihrem Tod mit ihren Vorfahren vereint werden, Trost spendet. Wie dem auch sei, für viele Japaner ergänzen sich Shinto und Buddhismus so lückenlos, dass kaum noch eine Grenze zwischen den beiden Traditionen wahrnehmbar ist. Die

---

1 Zitiert in Luis Frois: *Historia de Iapam*. Ins Japanische übersetzt von Matsuda Goichi und Kawasaki Momota: *Nihonshi* [Die Geschichte Japans]. Tokyo, Chuokoronsha, 1981, 3: S. 285

meisten Menschen unterscheiden nicht bewusst zwischen Shinto- und Buddhimus-spezifischen Handlungen. Vielmehr sind viele der vormals religiösen Bräuche, wie der Großputz am Ende des Jahres und zahlreiche anderen Feste, zu kulturellen Bräuchen geworden, die dem Leben der Menschen einen festen Rhythmus geben.

Bis in 1960er Jahre übernahmen Kinder üblicherweise den Glauben der Familie, in die sie hineingeboren wurden. Die ab dieser Zeit rasch fortschreitende Verstädterung hatte jedoch zur Folge, dass sich die früher am selben Ort lebenden Großfamilien heute in mehrere geographisch voneinander getrennte Kernfamilien aufspalten. Der Glaube wurde dadurch immer mehr eine Frage der individuellen Entscheidung. Es ist deshalb nicht ungewöhnlich, dass ein Japaner mehr als einer Glaubensrichtung angehört – etwas, das in einer streng monotheistischen Kultur undenkbar wäre. Diese flexible Einstellung zur Religion machte es möglich, dass sich in der Nachkriegszeit zahlreiche neue Sekten entwickeln konnten.

Während religiöse Gefühle und Bedürfnisse universal sind, unterscheidet sich die Einstellung der modernen Japaner zur Religion insofern von allen anderen, als dass sie sich voll und ganz auf das Diesseits konzentriert. Der Gedanke, nach dem Tod ins Paradies einzugehen oder auf Erden ein religiöses Leben führen zu müssen, um in den Himmel gelangen zu können, ist für die meisten Menschen keine Motivation dafür, gute Taten zu vollbringen. Wenn ein Japaner gute Dinge tut, dann tut er es in dem Bewusstsein, dadurch zum Wohlergehen der gesamten Gesellschaft beizutragen. Religiöse Zeremonien und Bräuche sind auf die Gegenwart ausgerichtet, auf das Wohl des Einzelnen und den Frieden in der Welt.

Kunst als Religion

Obwohl Kunst und Religion auf der ganzen Welt eine Symbiose bilden, ist diese Wechselbeziehung in Japan besonders ausgeprägt. Das reflektierte Bewusstsein, das die Japaner dank des Buddhismus entwickelt haben, machte es zum Beispiel möglich, dass solch literarische Meisterwerke entstehen konnten wie *Die Geschichte von Genji*, die von einem ausgeprägten Gespür für sanften Pathos zeugt, oder *Die Geschichte der Heike*, die durchdrungen ist vom buddhistischen Bewusstsein der Vergänglichkeit (*mujo*) aller irdischen Dinge.

Waka, eine japanische Form der Dichtkunst, war eng mit dem Shinto verbunden, da literarische Begabung als Geschenk der Götter betrachtet wurde. Besonders talentierte Dichter wurden daher im Altertum oftmals selbst als Götter verehrt. Mit der Zeit erkannten die Menschen jedoch, dass die mentale Konzentration, die nötig ist, um gute *waka* zu schreiben, Elemente buddhistischer Meditationsübungen enthält. Fujiwara no Shunzei (1114–1204), ein einflussreicher Dichter der späten Heian-Periode und Vater des berühmten Dichters Teika, kam besipielsweise zu der Überzeugung, dass es keinen Unterschied zwischen dem Akt des Dichtens (*kado*) und den buddhistischen Übungen (*butsudo*) gebe. Künstlerische, kreative Tätigkeiten wurden immer mehr Teil der Religion.

Alle Kunstformen, die während der mittelalterlichen Kamakura- und Muromachi-Perioden entstanden sind, wie zum Beispiel die Tee-Zeremonie, die Blumensteckkunst und das **noh**-Theater, erfordern – ähnlich wie religiöse Übungen – eine strenge körperliche, geistige und spirituelle Disziplin. Künstlerische Tätigkeiten und Anerkennung als Künstler wurden daher immer mehr als Alternative zur spirituellen Erlösung gesehen – ein Motiv, das auch heute noch in vielen japanischen Volksreligionen zu finden ist.

2

Shinto: Die ursprüngliche Religion Japans

„Der Weg der Kami"

Man gab den ursprünglichen religiösen Bräuchen Japans nur deshalb den Namen „Shinto" („Weg der *kami*"), um sie vom „Weg des Buddha" abgrenzen zu können, nachdem der Buddhismus im sechsten Jahrhundert n. Chr. in Japan eingeführt worden war. Bis zu diesem Zeitpunkt war es offensichtlich nicht notwendig gewesen, den einheimischen religiösen Bräuchen der Japaner einen Namen zu geben. Das erste Mal taucht der Begriff „Shinto" im Buch 21 („Kaiser Yomei", Regierungszeit 585–87) des *Nihongi*, der *Chroniken Japans*, auf.[1]

Das Wort „*kami*" hat verschiedene Bedeutungen. Es kann sich einerseits auf Naturgeister wie Berge, Bäume, Steine oder Meere beziehen, die alle als lebendig und heilig betrachtet werden. Andererseits kann es sich auch auf die Gottheiten beziehen, die in diesen Naturerscheinungen wohnen. Ebenso kann eine übernatürliche Macht gemeint sein, ein Zusammenschluss der Seelen der Verstorbenen, der den Klan (die soziale Einheit im Altertum) beschützt. Der Geist der *kami* kann in besonders tapferen, außergewöhnlichen oder talentierten Menschen wiedergeboren werden, die dann als leben-

---

[1] W. G Aston: *Nihongi. Chronicles of Japan from the Earliest Times to A.D. 697 (Die Chroniken Japans von der frühesten Zeit bis 697 v. Chr.)*. Aus dem Japanischen ins Englische übertragen. Rutland (Vermont), Charles Tuttle, 1985, 2: S. 106.

de *kami* verehrt werden. Die *kami* können durch schamanistische Medien zu den Menschen sprechen. Die Übermittler solcher Orakelsprüche gelten als „Kinder der Götter" (*miko*).

Das Heilige

Der große Gelehrte Motoori Norinaga (1730–1801) fasste die verschiedenen Bedeutungen des Wortes *kami* folgendermaßen zusammen:

> Im Allgemeinen kann man sagen, dass sich das Wort *kami* in erster Linie auf die verschiedenen Gottheiten des Himmels und der Erde in den japanischen Klassikern bezieht und auf die Geister, die in den Schreinen wohnen und dort verehrt werden. Natürlich können dies auch Menschen sein und sogar Vögel und Tiere, Bäume und Pflanzen, Meere und Berge und so weiter sind damit gemeint. In seiner ursprünglichen Bedeutung bezieht sich das Wort *kami* auf alles, was außergewöhnlich ist, was überragende Macht besitzt oder Ehrfurcht erregt. Nicht nur diejenigen, die aufgrund ihrer hohen Gesinnung, ihrer Güte und ihrer lobenswerten Taten überlegen sind, werden verehrt. Auch böse und geheimnisvolle Dinge werden *kami* genannt, vorausgesetzt, sie sind außergewöhnlich und furchterregend. Selbstverständlich werden auch alle nachfolgenden Generationen der heiligen Herrscher als *kami* bezeichnet.[2]

Die *kami* sind nicht notwendigerweise gut. Von Natur aus kann das „Heilige" sowohl gute als auch böse Kräfte besitzen. Motooris Beschreibung der *kami* ähnelt Rudolf Ottos Definition des Heiligen. Für den deutschen Religionswissenschaftler bedeutete heilig: *mysterium, tremendum et fascinosum*, also „geheimnisvoll, ehrfurchterregend und faszinierend". Das Außergewöhnliche und Ehrfurchterregende manifestiert sich sowohl in kreativen als auch in destruktiven Kräften.

So hat zum Beispiel der „wilde Geist" (*aratama*) der Göt-

---

[2] Tsunoda, R., et al. (Hrsg.): *Sources of Japanese Tradition*. New York und London, Columbia University Press, 1971, S. 23–24.

tin **Amaterasu** in Ise einen eigenen Schrein und wird gesondert verehrt, da man glaubt, dass auch negative Kräfte durchaus nützlich werden können, wenn man ihnen die richtige Ehrerbietung entgegen bringt. In diesem Brauch kommt die Erkenntnis zum Ausdruck, dass die Kräfte der Natur sowohl konstruktiv als auch destruktiv wirken können und dass Leben immer Harmonie und Konflikt, Krieg und Frieden bedeutet. Außergewöhnliche Kräfte können nicht nach der menschlichen Auffassung von Moral beurteilt werden.

Die Bräuche des frühen Shinto

Obwohl Erdbeben, Taifune und andere Naturkatastrophen keine Seltenheit in Japan sind, gereichen die natürlichen Gegebenheiten auf dem Festland und auch im Meer den Japanern sehr zum Vorteil. Für die Menschen im Altertum war „das Leben gut und schön; die Menschen hatten allen Grund dankbar zu sein für das Leben, das ihnen das Schicksal beschert hat".[3] Gleich welcher Tätigkeit sie nachgingen, ob sie Bauern, Fischer oder Handwerker waren, sie sahen sich als „Instrumente der *kami*, die durch sie wirkten".[4] Obwohl der Shinto sehr lebensbejahend ist, erlegte er den Menschen gleichzeitig Tabus auf, die strengstens überwacht wurden. Tod, Blut und Krankheit galten als die schlimmsten „Schadstoffe" und mussten um jeden Preis gemieden werden. Kam man mit einem der zahlreichen schädlichen Dinge in Berührung, so musste man sich einer rituellen Reinigung unterziehen, die vom Priester des Klans durchgeführt wurde. In den Aufzeichnungen des chinesischen Königreiches Wei (220–65 n. Chr.) wird ein solches Reinigungsritual beschrieben. Im Zusammenhang mit einer Beerdigungszeremonie im Lande

---

[3] J. Kitagawa: *Religion in Japanese History.* New York und London, Columbia University Press, 1966, S. 13.

[4] Ibid, S. 12.

„Wa“, wie Japan damals in China genannt wurde, heißt es in einer Passage der *Geschichte des Königreiches Wei* (erstellt ca. 297 n. Chr.):

> Wenn ein Mensch stirbt, fertigen sie einen einfachen Sarg an, der keine äußere Wand besitzt. Sie bedecken die Gräber mit Erde, sodass ein Grabhügel entsteht. Nach dem Tod eines Menschen wird zehn Tage lang getrauert. In dieser Zeit essen sie kein Fleisch. Die Angehörigen jammern und wehklagen, während die Freunde singen, tanzen und Alkohol trinken. Nach der Beerdigung steigen alle Familienmitglieder ins Wasser, um ein Reinigungsbad zu nehmen.[5]

Himoko, die schamanistische Königin

In der *Geschichte des Königreiches Wei* wird auch die Königin und Zauberin Himiko (auch Pimiko genannt, Regierungszeit ca. 180–248 n. Chr.) erwähnt. Von ihr heißt es:

> Sie beschäftigte sich mit Magie und Zauberei und verhexte die Menschen. Obwohl sie reich an Jahren war, blieb sie Zeit ihres Lebens unverheiratet. Sie hatte einen jüngeren Bruder, der ihr half, das Land zu regieren. Nachdem sie zur Herrscherin geworden war, bekamen sie nur noch wenige Menschen zu Gesicht. Sie hatte tausend Frauen als Dienerinnen, aber nur einen Mann. Dieser trug ihr Speisen und Getränke auf und diente als Nachrichtenübermittler. Sie residierte in einem von Türmen und Pallisaden umgebenen Palast, der ständig von bewaffneten Kriegern bewacht wurde.[6]

Weiter wird berichtet, dass Himoko im Jahr 238 n. Chr. einen Gesandten an den Hof des Königs von Wei schickte. Nach ihrem Tod wurde „ein großer Grabhügel aufgeschüttet, der einen Durchmesser von mehr als 100 Schritten hatte. Über hundert Dienerinnen und Diener folgten ihr ins Grab.“[7] Ein König bestieg nach ihr den Thron. Er wurde jedoch vom

---

[5] Ibid, S. 7.

[6] Ibid, S. 8.

[7] Ibid.

Volk nicht anerkannt, was zu großem Chaos im ganzen Land führte. Schließlich wurde Himikos Verwandte Iyo, „ein Mädchen von dreizehn Jahren, zur Königin ernannt, und Friede kehrte wieder ein."[8]

Merkwürdigerweise wird die mächtige Königin Himiko in den zwei ältesten historischen Schriften - den *Aufzeichnungen alter Geschehnisse* und den *Chroniken Japans* - mit keinem Wort erwähnt. Manche sind überzeugt davon, dass der Mythos der Sonnengöttin Amaterasu seinen Ursprung in der Geschichte Himikos hat.[9] Sicherlich können die Shinto-Mythen, von denen am Anfang dieser beiden Aufzeichnungen die Rede ist, sehr unterschiedlich interpretiert werden.[10]

Jüngste archäologische Funde scheinen jedoch den Bericht der chinesischen Geschichtsschreiber zu belegen, dass Himiko eher während der Yamoto-Periode und nicht am Ende der Yayoi-Periode gelebt hat. Dies wirft natürlich die Frage auf, ob das Land Wa identisch war mit dem Yamoto-Hof der kaiserlichen Familie. Bisher gibt es allerdings noch keine hinreichenden Beweise, die diese Theorie belegen oder widerlegen würden, und so kann man nur abwarten, was die Archäologie in Zukunft ans Tageslicht bringen wird.

---

[8] Ibid.

[9] Siehe Yasumoto Biten: *Himiko no nazo* (*Geheimnisse um Himiko*), Tokyo, Kodansho, 1988.

[10] Manche Wissenschaftler vertreten die Ansicht, dass die Aufzeichnungen stark manipuliert worden sind, da Kaiser Tenmu (Regierungszeit 673–86) sie mit der Absicht in Auftrag gegeben hat, die Herrschaft der kaiserlichen Familie zu legitimieren. Andere glauben, dass dies zwar gut möglich sei, alte Volkssagen und -mythen aber dennoch mit in diese offiziellen Shinto-Mythen eingeflossen sind und die Aufzeichnungen uns deshalb Hinweise auf die Weltsicht und den Glauben der Japaner des Altertums geben können.

Mythen über die Geburt Japans und Geschichten über die Sonnengöttin dienten traditionell als Grundlage für die Behauptung, die Geschlechterfolge der Kaiserfamilie habe ihre politische Legitimation im „Zeitalter der Götter". Es ist daher hilfreich, sich einen Überblick über die Mythen zu verschaffen, die in den *Aufzeichnungen alter Geschehnisse* und den *Chroniken Japans* versammelt sind.[11]

Am Anfang, so heißt es, herrschte Chaos. Mitten in diesem Chaos erschien ein Gott, auf den einige einzelne Götter und schließlich ein Götterpaar folgten. Obwohl die beiden Quellen nicht in allem übereinstimmen, sind sie sich einig, dass **Izanagi**, „der Mann, der einlädt", und **Izanami**, „die Frau, die einlädt", die siebte Generation der Ur-*kami* waren[12] und dass das japanische Festland von ihnen geschaffen wurde. Man erzählt sich, dass das Paar auf einer schwebenden Brücke stand, von der aus es auf das Wasser hinunterblickte. Indem sie das Meersalz zum Verklumpen brachten, schufen sie eine kleine Insel, auf die sie herabstiegen. Durch die geschlechtliche Vereinigung der beiden wurden die übrigen Inseln Japans sowie Berge, Flüsse, Bäume, Gräser, Getreide, Tiere und Gesteine geboren. Als Izanami den Feuergott zur Welt brachte, erlitt sie schreckliche Verbrennungen, starb

---

[11] Für einen Bericht über die „Götter" siehe Aston: *Nihongi*, 1: S. 1–118 und B. H. Camberlain: *The Kojiki, Records of Ancient Matters (Aufzeichnungen alter Geschehnisse)*. Aus dem Japanischen ins Englische übertragen. Rutland (Vermont) and Tokyo, Charles Tuttle, 1981, S. 15–159.

[12] Den *Aufzeichnungen alter Geschehnisse* zufolge erschienen zuerst fünf einzelne Götter, denen sechs Generationen von Götterpaaren (männlich und weiblich) folgten. Izanagi und Izanami sollen die „siebte Generation" der Götterpaare gewesen sein. Den *Chroniken Japans* zufolge erschienen zuerst drei einzelne Götter, denen drei Götterpaare folgten. Izanagi und Izanami sollen demnach die siebte Generation nach dem ersten einzelnen Gott gewesen sein.

und stieg hinab in das Reich der Toten. Ihr Mann Izanagi vermisste sie so sehr, dass er sie in der Unterwelt besuchte. Sie versprach ihm unter die Lebenden zurückzukehren, wenn er sie nicht anblickte, bis sie die Unterwelt hinter sich gelassen hätten. Natürlich konnte Izanagi seiner Neugier nicht standhalten. Er sah sie an und erblickte einen hässlichen verwesenden Körper. Weil sie sich für ihre Hässlichkeit schämte, wurde Izanami sehr böse, wandte sich gegen ihn und jagte ihn bis an die Tore des Totenreichs. Izanagi konnte gerade noch entkommen und verschloss den Eingang zur Unterwelt für immer. Da er mit den Toten in Berührung gekommen war und damit die schlimmste aller Beschmutzungen auf sich gezogen hatte, unterzog er sich einer rituellen Reinigung im Fluss. Als er sein linkes Auge wusch, wurde die Sonnengöttin **Amaterasu** geboren, beim Waschen seiner Nase entstand der Windgott **Susanoo**, und als er sein rechtes Auge reinigte, kam der Mondgott **Tsukiyomi** auf die Welt. Diese drei werden die „erhabenen Kinder" genannt. Izanagi schenkte Amaterasu die Herrschaft über den Himmel, Susanoo die Herrschaft über das Meer und Tsukiyomi die Herrschaft über die Nacht.

Susanoo war ein ungestümes Kind und er sehnte sich schmerzlich nach seiner Mutter Izanami, die er nie kennengelernt hatte. Er bestand darauf, sie zu treffen, und schließlich gab Izanagi nach. Bevor er in die Unterwelt hinabstieg, beschloss Susanoo jedoch, seine Schwester Amaterasu zu besuchen, um ihr Lebewohl zu sagen. Amaterasu bezweifelte, dass Susanoo ernsthaft vorhatte, zu ihr in den Himmel zu kommen, und forderte ihn auf, ihr seine Aufrichtigkeit zu beweisen. Bruder und Schwester übten sich im „Juwelen-Spukken" und verwendeten dafür die Besitztümer des jeweils anderen. Jedes mal, wenn sie einen Juwel spuckten, wurde ein Kind geboren (Juwelen wurden mit Föten assoziiert). Während des Wettkampfes schenkte Amaterasu durch Susanoos Juwelen drei Töchtern das Leben, während Susanoo durch Amaterasus Juwelen fünf Söhne auf die Welt brachte. Amaterasu verkündete, dass die drei Mädchen, die aus den Juwelen von Susanoos Schwert geboren worden waren, ihm gehören sollten, während die fünf Jungen, die aus ihren Ohrringen, ihrem Haarschmuck und ihrer Kette geboren worden waren, ihr gehören sollten. Die Tatsache, dass aus seinen Juwelen „sanftmütige Frauen" entstanden waren, so behauptete Susanoo, würde seine Aufrichtigkeit beweisen. Amaterasu ließ sich davon überzeugen und erlaubte ihm, sich eine Weile in ihrem Herrschaftsgebiet aufzuhalten.

Nachdem er das Vertrauen seiner älteren Schwester gewonnen hatte, wurde Susanoo übermütig und ließ seiner wilden Natur freien Lauf. Er zerstörte die Bewässerungskanäle der Reisfelder seiner Schwester, woraufhin die Felder austrockneten und alle Reispflanzen verdorrten. Dann beschmutzte er den heiligen Palast seiner Schwester mit Exkrementen. Zuletzt warf er den gehäuteten und blutigen Körper eines Fohlens in eine Webhalle. Eine junge Weberin erschrak über diesen grausigen Anblick so sehr, dass sie in eine Webnadel stolperte und sich tödlich verletzte. Dadurch verhinderte Susanoo, dass Amaterasu ihrer heiligen Pflicht nachkommen konnte, nämlich eine neue Robe zu tragen, um die erste Reisernte des Jahres auf dem heiligen Altar zu opfern – ein symbolisches Ritual, das bis heute eine zentrale Rolle spielt und jedes Jahr vom Kaiser ausgeführt wird.

Die „Himmlische Felsenhöhle" und die kaiserlichen Insignien

Die durch den Tod ihrer jungen Dienerin zutiefst verstörte Amaterasu versteckte sich in einer Felsenhöhle, woraufhin eine tiefe Dunkelheit über die Welt hereinbrach. Die anderen Götter waren sehr besorgt. Sie versammelten sich und beratschlagten, was zu tun sei. Ein weiser *kami* schlug vor, ein großes Fest zu veranstalten, um Amaterasu aus ihrer Höhle zu locken. Sie gruben einen jungen, heiligen *sakaki*-Baum aus (von dem gesagt wird, dass der göttliche Geist in ihm wohne) und pflanzten ihn am Eingang der Höhle wieder ein. Seine Zweige behängten sie mit heiligen Juwelen. Außerdem flochten die Götter ein dickes Strohseil und gossen und polierten einen göttlichen Spiegel, den sie benutzen wollten, um Amaterasu aus der Höhle zu locken. Sie ließen einen Hahn krähen in der Hoffnung, dass dann der Morgen anbrechen würde. Eine Göttin, Uzume, begann, auf einem hölzernen Bottich zu tanzen, und immer, wenn sie mit ihren Füßen aufstampfte, erzeugte sie einen lauten, widerhallenden Ton. Während sie tanzte verfiel Uzume in Ekstase. Sie entblößte ihre Brustwarzen und hob ihren Rock hoch, sodass jeder ihre Geschlechtsteile sehen konnte. (Ihr Tanz ist der symbolische Ausdruck der fruchtbaren Mutter Erde.) Die versammelten Götter brachen in tosenden Applaus aus, klatschten und schrieen. In der Höhle fragte sich Amaterasu, was die Götter so erheiterte. Neugierig geworden öffnete sie die steinerne Tür einen kleinen Spalt, um einen Blick nach draußen zu werfen. Einer der Götter hielt ihr den polierten Spiegel vor und Amaterasu blickte in ihr wunderschönes Gesicht. Für einen kurzen Moment war sie verwirrt, weil sie nicht erkannte, dass es ihr eigenes Spiegelbild war, das sie da sah. Ein starker Gott nutzte die Gelegenheit, stieß die Tür ganz auf und zog Amaterasu aus der Höhle heraus. Ein anderer Gott verschloss den Eingang mit dem geflochtenen Seil, sodass sie nicht mehr in die Höhle zurückkehren konnte. Auf der Erde wurde es wieder hell. (Die Göttin Uzume gilt übrigens als die Ahnherrin des noh-Theaters, eine Form des Dramas, dessen Ziel es ist, die Zuschauer zu erfreuen und dadurch „Licht" in ihre Gemüter zu bringen.)

Von da an herrschte Amaterasu über den Himmel, und Takamimusubi, einer der älteren Götter, stand ihr dabei als politischer Berater zur Seite. (Eine ähnliche Geschichte erzählt man sich über Himiko, die mit Hilfe ihres Bruders ihr Land regiert haben soll.) Susanoo wurde aus dem Himmel in das

Land **Izumo** verbannt. Dort wurde er zum Helden, nachdem er eine achtköpfige Schlange getötet und dadurch eine Jungfrau davor bewahrt hatte, dem Ungeheuer als Opfer dargebracht zu werden. Diese Jungfrau nahm Susanoo zur Frau. Im Schwanz der Schlange entdeckte er ein Schwert, das er Amaterasu als Friedensangebot in den Himmel schickte. Die Nachfahren Susanoos wurden zu Herrschern in der ganzen Region Izumo. Der Hauptgott von Izumo, Okuninushi, war sehr mächtig und besaß die Kräfte eines Heilers. Im Mythos besteht eine enge Verbindung zwischen ihm und Susanoo. Der Groß-Schrein von Izumo (Izumo Taisha) wurde zu Ehren Okuninushis errichtet. Er war schon immer bekannt für seine Wirksamkeit bei der Partnerfindung und selbst heute kommen die Menschen zum Schrein, wenn sie auf der Suche nach dem richtigen Ehepartner sind, und lassen die Priester ein Gebet für sich sprechen.

Dem Mythos zufolge waren die Nachfahren Susanoos und Okuninushis in der Region Izumo sehr erfolgreiche Herrscher, übergaben aber das Land später an Amaterasu. Diese sandte ihren Enkel Ninigi aus, um über das Land zu herrschen. Zuerst gab sie ihm jedoch den göttlichen Spiegel, der sie aus der Höhle gelockt hatte, den Juwel, den die Götter an den *sagaki*-Baum vor der Höhle gehängt hatten, und das göttliche Schwert, das Susanoo in Izumo gefunden hatte. Diese drei Insignien – der Spiegel, der Juwel und das Schwert – sind seither das Symbol des regierenden Kaisers. Ninigis Enkel **Jinmu** wurde zum ersten Kaiser (*ten'no*) gekrönt. Die Gründung des Staates Japan durch Jinmu wird normalerweise auf das Jahr 660 v. Chr. datiert.[13] Bis zu Akihito, der momentan als 125. Kaiser regiert, wurde die kaiserliche Geschlechterfolge niemals unterbrochen. Dieser mythisch-politische Bericht über den Ursprung der Kaiserfamilie macht die Geschichte der japanischen Reli-

---

[13] Es gilt heute als wissenschaftlich erwiesen, dass dieses Datum historisch nicht haltbar ist.

gionen noch komplexer und komplizierter, und wir werden im Folgenden immer wieder darauf zurückkommen.

Der Ise-Schrein

Jede Stadt und jedes Dorf hat einen eigenen Schrein (*jinja*), aber unter all diesen zahllosen Schreinen ist der Ise-Schrein das „Heiligtum der Heiligtümer". Für viele Japaner ist es eine ehrenvolle moralische Pflicht, mindestens einmal in ihrem Leben eine Pilgerfahrt zum Ise-Schrein zu unternehmen. Diese Pilgerfahrten sind als **Ise** ***mairi*** bekannt.

Der Groß-Schrein von Ise wurde ca. 300 n. Chr. zu Ehren von Amaterasu gegründet. Bis zu diesem Zeitpunkt war Amaterasu im kaiserlichen Palast verehrt worden, aber aus Angst, ihr dort nicht die gebührende Ehre entgegenbringen zu können, beschloss der Kaiser, einen neuen Platz für sie zu suchen. Er betraute seine Tochter mit der Pflege der Sonnengöttin, während sich seine Tante, Prinzessin Yamato, auf eine lange Reise begab, um nach einem angemessenen Platz für Amaterasu zu suchen. Da Prinzessin Yamoto schamanistische, also übermenschliche, Fähigkeiten besaß, konnte sie als Medium fungieren. Als sie an die Küste von Ise kam, sprach Amaterasu zu ihr: „Das Land Ise, in dem die göttlichen Winde wehen, ist das Land, wohin die hinter einander schwellenden Wellen der Ewigen Welt herankommen. Es ist ein entlegenes und vorzügliches Land. In diesem Land wünsche ich zu wohnen."[14] Der „göttliche Wind", oder ***kamikaze***, der mit der Küste von Ise assoziiert wird, wurde fortan zum Kennzeichen Amaterasus und später ein Symbol für Japan als ein von den Göttern beschütztes Land.

Im Jahr 478 wurde die Erntegöttin **Toyouke** nach Ise gebracht, um Amaterasu Gesellschaft zu leisten und sie mit Nahrung zu versorgen. Toyoke bekam ihren eigenen „Äuße-

---

[14] Aston: *Nihongi,* 1: S. 176.

ren Schrein“ (*Geku*), der einige Kilometer von Amaterasus „Innerem Schrein“ (*Naiku*) entfernt liegt. Auf dem Gelände des Ise-Schreins befinden sich außerdem zahlreiche andere Schreine, in denen insgesamt über hundert niedrigere Gottheiten verehrt werden.

Das Amt der Saigu *im Ise-Schrein*

Eine Besonderheit des Ise-Schreins war das heilige Amt der *Saigu*, das seit der Gründung des Schreins durch Prinzessin Yamoto bestand. Dieses Amt hatte immer eine kaiserliche Prinzessin inne, die dafür verantwortlich war, bestimmte Rituale zu Ehren von Amaterasu durchzuführen. Die Prinzessinnen dienten als Priesterinnen und wurden „mitsueshiro“ genannt (wörtlich: „erhabener Gehstock“, auf den sich die Göttin Amaterasu stützte).

Der Ursprung des *Saigu*, das eigentlich noch älter ist als der Schrein und dessen Gebäude, kann auf die Tatsache zurückgeführt werden, dass der frühe Kaiserhof sowohl politische als auch religiöse Verpflichtungen hatte. Aufgrund des theokratischen Ursprungs des politischen Systems war der Kaiser einerseits für die Politik verantwortlich (***matsurigoto***), andererseits musste er auch dafür sorgen, dass religiöse Rituale ordnungsgemäß ausgeführt wurden (***matsuru***). Feste (***matsuri***) waren immer politisch-religiöse Angelegenheiten. Nach und nach wurden Politik und Religion jedoch voneinander getrennt. Schließlich übertrug der Kaiser die Verantwortung für den Bereich der Religion an eine unverheiratete Tochter oder an eine Nichte (falls er keine Tochter hatte), die für dieses Amt durch eine Prophezeiung ausgewählt wurde. Die Idee dahinter war, dass ein Land nur dann gut geführt werden kann, wenn die *kami*-Gottheiten ordnungsgemäß verehrt werden. Diese Aufteilung der Aufgabenbereiche – Männer waren für die Politik zuständig, Frauen für die Religion – hatte seine Wurzeln also im Altertum (wie wir weiter oben bereits im Zusammenhang mit der schamanistischen Königin Himiko gesehen haben).[15]

Die kaiserliche Prinzessin, die das Amt der *Saigu* innehatte, wurde *Saio* genannt, die „heilige Königin". Im Laufe der Zeit wurden die Einzelheiten des Auswahlverfahrens und ihrer zeremoniellen und religiösen Pflichten festgelegt und schließlich im *Kodex des Engi Era* (entstanden zwischen 905 und 927) schriftlich fixiert. Wurde eine Prinzessin ausgewählt, musste sie sich zunächst für ein Jahr in eine abgelegene Kammer im kaiserlichen Palast zurückziehen, um sich zu reinigen und sich in Enthaltsamkeit zu üben. Im darauffolgenden Jahr wurde sie zum „Palast in den Feldern" (*nonomiya*) gebracht, der sich im Bezirk Saga in Kyoto befindet. Auch dort blieb sie für ein Jahr, um sich zu läutern. Im dritten Jahr zog sie dann von Kyoto nach Ise. Die Reise dauerte fünf Tage und über 200 Höflinge, Kammerfrauen und andere Bedienstete begleiteten die Prinzessin auf ihrem Weg. Im Grunde zog ein „Mini-Hofstaat" mit ihr von der Hauptstadt nach Ise um. Auf ihrer Reise hielt die *Saio* immer wieder an, um sich in verschiedenen Flüssen rituellen Reinigungen zu unterziehen.

Normalerweise wurde eine Prinzessin erst von ihrem Amt entbunden, wenn ihr Vater starb oder abdankte. Wenn ihre Mutter ernsthaft erkrankte, durfte sie jedoch schon früher zurücktreten. Erwischte man sie mit einem Liebhaber, wurde sie umgehend ihres Amtes enthoben, da eine *Saio* keusch zu leben hatte, solange sie in Ise diente.

---

[15] Diese Ansicht wird von Yanagida und anderen Ethnografen vertreten. Studien über religiöse Bräuche auf der Insel Okinawa haben sich ebenfalls mit der traditionelle Aufgabenteilung zwischen Frauen, die für den religiösen Bereich zuständig waren, und Männern, die für politische Angelegenheiten verantwortlich waren, befasst. Für eine ausführliche Diskussion des Priesterinnenamts der kaiserlichen Prinzessinnen siehe M. Yusa: „Women in Shinto: Images Remembered". In Arvind Sharma (Hrsg.): *Religion and Women*. Albany (New York State), State University of New York Press, 1994, S. 93–119.

Im Jahr 818 wurde im Kamigamo-Schrein in Kyoto das Amt der *Saiin* eingeführt. *Saiin* bedeutet „heiliges Amt" und war im Kleinen dem Amt der *Saigu* nachempfunden. Die kaiserliche Prinzessin Uchiko (Amtszeit 818–31), eine Tochter des Kaisers Saga (Regierungszeit 809–23), wurde zur ersten *Saiin* gewählt. Sowohl das Amt der *Saigu* als auch das Amt der *Saiin* verloren bis zum Ende der Kamakura-Periode (1333) – parallel zur allgemeinen Abnahme der kaiserlichen Autorität – immer mehr an Bedeutung und verschwanden schließlich ganz.

Sengu: *Die regelmäßige Erneuerung der Schreine in Ise*

Eine Besonderheit des Ise-Schreins ist das Ritual des *sengu*. Alle zwanzig Jahre werden sämtliche Gebäude des Inneren und Äußeren Schreins neu errichtet, und die bisherigen Gebäude werden abgerissen.[16] Dieser Brauch zeigt auf eindrückliche Weise, wie die alten Shinto-Traditionen bis heute am Leben gehalten worden sind, und wie eng das Leben der Menschen mit den Aktivitäten rund um den Schrein verbunden ist.

Das letzte *sengu* fand am 2. Oktober 1993 statt. Um acht Uhr abends zog eine feierliche Prozession vom alten zum neu errichteten Schreingebäude. Die Dunkelheit wurde nur von Fackeln erhellt. Alle Teilnehmer waren in ihre Priestergewänder gekleidet und wurden von einer Oberpriesterin angeführt (vermutlich repräsentierte sie die *Saio*, die kaiserliche Prinzessin, die früher als Oberpriesterin fungierte). Einige trugen behutsam den heiligen, mit weißen Tüchern verhüllten Gegenstand, in dem Amaterasu wohnen soll, andere hielten Kästen mit den Schätzen der Göttin in den Händen. Eingeleitet wurde die Überführung vom „Hahnenschrei" eines

[16] Ursprünglich fand das *sengu* in einem Rhythmus von neunzehn Jahren statt.

Priesters. Indem er dreimal „Kakeko-o“ rief, imitierte er den Hahn, der dem Mythos zufolge kurz vor Amaterasus Rückkehr aus ihrer „Himmlischen Felsenhöhle“ gekräht haben soll. Die Prozession wurde begleitet vom monotonen Klang historischer Flöten, die immer wieder die Töne C und D (do-re), eine Oktave über dem mittleren C, wiederholten. Ansonsten war nur das Geräusch der Füße auf dem Kies zu hören, während die Prozession sich langsam dem neuen Gebäude näherte. Der Umzug dauerte nicht länger als zwanzig Minuten. Drei Tage später, am 5. Oktober 1993, wurde auch die Erntegöttin Toyouke von ihrem alten Wohnsitz in einen neuen Schrein überführt.

Die Erneuerung der Wohnstätten der *kami*-Gottheiten hat ihren Ursprung im Jahr 690 n. Chr., in der Zeit also, in der Kaiser Jito (Regierungszeit 686–97) an der Macht war. Der Brauch wurde seither relativ regelmäßig wiederholt und nur dann ausgesetzt, wenn Japan von innerstaatlichen Kriegen zerrüttet war oder die Kaiserfamilie finanzielle Schwierigkeiten hatte. Das nächste *sengu* findet – zum einundsechzigsten Mal – im Jahr 2013 statt. Da die regelmäßige Erneuerung sehr viel Platz erfordert (es gibt mehr als 100 Schreine auf dem Ise-Gelände), steht jeder Schrein auf einer Parzelle, die doppelt so groß ist wie eigentlich nötig. So kann der neue Schrein immer neben dem alten Gebäude errichtet werden, das abgerissen wird, sobald die Gottheit den neuen Wohnsitz bezogen hat.

Der regelmäßige Abriss und Wiederaufbau eines Tempels mag für Menschen der westlichen Hemisphäre seltsam klingen, werden religiöse Gebäude im Westen doch gerade „für die Ewigkeit“ gebaut (man denke zum Beispiel an das Pantheon, die Pyramiden oder die Kathedrale von Chartre). Die Hauptschreine in Ise werden zwar aus wertvollen Hölzern gefertigt, sind aber so konstruiert, dass sie leicht wieder abgerissen werden können. Für den Bau wird das Holz der Japanischen Zypresse (*hinoki*) verwendet, die für ihren langen, geraden Stamm und die stabile, ebenmäßige Beschaffenheit des Holzes bekannt ist. Metall wird nur für die Verzierungen verwendet. Der Boden des Schreins ist mit weißen Steinen bedeckt, die vom nahegelegenen Fluss Miya mit dem Boot zum Gelände des Ise-Schreins gebracht werden. Für diesen Zweck werden mehrere tausend Steine gesammelt. Vor einem *sengu* darf jeder Pilger und jeder Anwohner einen Stein zur heiligen Stätte bringen und ihn eigenhändig niederlegen. Egal ob Mann oder Frau, alt oder jung, alle nehmen gleichsam begeistert an diesem Ereignis teil. Zu keiner anderen Zeit kann man dem Heiligtum so nahe kommen, und zweifelsohne ist dies für alle eine sehr eindrucksvolle Erfahrung.

Die kulturelle Bedeutung des sengu

Warum sollen Schreingebäude alle zwanzig Jahre erneuert werden? Diese Frage berührt den Kernpunkt der shintoistischen Weltanschauung. Aus Holz gefertigte Dinge, egal, wie gut sie gebaut sind, dunkeln mit der Zeit nach und verlieren dadurch an Schönheit. Nach shintoistischer Auffassung ist aber nur wertvoll, was neu und unverbraucht ist, weil der Geist der *kami* stets neu und unverbraucht ist – er ist allgegenwärtig. Dieses Weltverständnis, das sich immer nur auf das Hier und Jetzt konzentriert, mag der Grund für Japans Fortschrittlichkeit in Bereichen wie Technologie, Wissenschaft und Mode sein, in denen Aktualität das oberste Gebot ist.

Nicht nur die Schreingebäude werden bei jedem *sengu* erneuert, sondern auch alle ihre Schätze. Juwelenbesetzte Miniatur-Pferde (Pferde werden als angemessenes Fortbewegungsmittel für die Götter angesehen), altertümliche Schwerter, Schmuck, gewebte Stoffe, Spiegel, verschiedene Arten von Töpferwaren – alles wird bis ins kleinste Detail nachgebildet. Die Kunstfertigkeit, die es braucht, um diese Dinge herzustellen, muss deshalb von einer Generation zur nächsten weitergegeben werden. Traditionell dauerte es zwanzig Jahre, bis sich ein Sohn die Fertigkeiten und das Wissen seines Vaters vollständig angeeignet hatte. Dies ist einer der Gründe, weshalb stets ein Zeitraum von zwanzig Jahren zwischen jedem *sengu* liegt. Auf diese Weise wurden die Arbeitstechniken immer weitergegeben und der Shinto-Kult, die Kultur und das Handwerk des Altertums bis heute aufrechterhalten.

Es mag verschwenderisch klingen, dass man die alten Schreingebäude abreißt, jedoch wird ein Großteil des Holzes dafür verwendet, die *torii* (die Tore, durch die man das Schreingelände betritt), Brücken und andere kleinere Bauwerke auszubessern. Für ein *sengu* werden 130 000 Japanische Zypressen benötigt, und jede davon ist mehr als 200 Jahre alt. Der große Bedarf an gutem Holz ist der Grund dafür, dass der Kunst der Baumzucht in Japan eine besondere Bedeutung beigemessen wird. Nur wenige Menschen sind mit der Aufzucht der Japanischen Zypressen betraut, die für zukünftige Schreingebäude in Ise benötigt werden. Dafür haben diese ihr Leben voll und ganz ihrer Arbeit verschrieben. Am Anfang eines jeden Jahres, wenn die Männer zum ersten Mal in den zum Schrein gehörenden Wald gehen, bieten sie den *kami* der Berge Reiswein (*sake*) an und bitten sie um Schutz bei ihrer Arbeit. Diese Opfergabe wird *oomiki* genannt, was soviel bedeutet wie „heiliger *sake*". Nach der schlichten Zeremonie trinken die Arbeiter selbst vom *oomiki*, um zu symbolisieren, dass sie durch ihre heilige Arbeit in enger Verbindung mit den *kami* stehen. Weil die Zahl der Waldarbeiter stetig schrumpft, werden sie bei der Arbeit im heiligen Wald von ihren Frauen unterstützt. Für diese Menschen bedeutet die Pflege der Bäume mehr als nur ein Auskommen, ihr Beruf ist gleichzeitig eine Berufung. Die Arbeit gibt ihrem Leben einen höheren Sinn und erfüllt sie mit Freude und Dankbarkeit.

Der Alltag im Ise-Schrein

Die Göttin Toyoke ist die Schutzgöttin des Ackerbaus, der Fischerei und der Nahrungsversorgung im Allgemeinen. Um ihr für ihr Wohlwollen zu danken, werden ihr täglich und bei jedem Wetter einmal morgens und einmal nachmittags rohe und gekochte Speisen dargebracht. Dieser Brauch besteht schon seit der Äußere Schrein im fünften Jahrhundert n. Chr. erbaut wurde. Beim Zubereiten der Speisen wird auf äußerste Sauberkeit geachtet. Gekocht wird über einem speziellen Feuer, das jeden Tag vom diensthabenden Priester entfacht wird. Den Besuchern des Schreins ist es nicht gestattet, der Opferzeremonie beizuwohnen. Zum Schluss betet der Priester stets zur Göttin. Ein Teil der täglichen Opfergaben besteht aus Fischen und Meeresfrüchten und stammt von den einheimischen Fischern. Darunter sind auch Seeohren, eine Muschelart, die jeden Morgen von Taucherinnen (*ama*) geerntet wird. Ein paar Kilometer von Ise entfernt liegt die kleine Stadt Futumi, in der das Meersalz hergestellt wird, das beim Kochen der Speisen verwendet wird. Die Menschen in Ise und den umliegenden Städten und Dörfern stehen also in einer Art „ökologischer Verbindung" zum Schrein. Diese Verbindung bezeichnen sie als „Geku-san" – das Suffix „san" deutet an, dass die Menschen sich persönlich mit dem Schrein verbunden fühlen und große Achtung vor ihm haben. Viele der Einheimischen besuchen den Schrein jeden Morgen bevor sie ihr Tagewerk beginnen.

Verglichen mit dem Äußeren Schrein, in dem meist ein geschäftiges Treiben herrscht, ist die Atmosphäre im Inneren Schrein wesentlich förmlicher und feierlicher – gemäß Amaterasus Status als göttliche Ahnherrin der kaiserlichen Familie. Der gesamte Bereich wird sorgfältig sauber gehalten, und majestätische alte Zedern säumen den Pilgerweg. Sowohl im Inneren als auch im Äußeren Schrein sind die Hauptgebäude durch weiße, vorhangartige Tücher sowie Holzzäune vor den

Augen der Öffentlichkeit geschützt. Nur die oberste Spitze der Schreingebäude ist von außen noch sichtbar. Diese halbenthüllte, halbverhüllte Gegenwart der Göttin lässt die *kami* nur noch geheimnisvoller erscheinen.

3
Die Ankunft des Buddhismus

Die Grundlagen des Buddhismus

Nachdem der Buddhismus in Indien entstanden war, gelangte er über China und Korea nach Japan. Der Begründer des Buddhismus, Siddharta Gautama, wurde als Prinz in das Königsgeschlecht der Shakya hineingeboren. Mit 29 Jahren beschloss er, auf den Thron zu verzichten und fortan als Asket zu leben. Schließlich erkannte er aber, dass religiöse Erleuchtung weder durch strenge Askese noch durch das Streben nach Genuss erreicht werden kann, sondern allein durch

Meditation, die eine gute körperliche Verfassung des Meditierenden voraussetzt. Dieser „Mittlere Weg" zwischen Entsagung und Genuss wurde zum Markenzeichen des Buddhismus. Nachdem er sich von der Zeit der strengen Askese erholt hatte, setzte sich Gautama unter einen Feigenbaum und meditierte über das Problem des Leidens, insbesondere über jenes, das der Mensch durch Krankheit, im Alter und im Tod erfährt. Er kam zu der Erkenntnis, dass der Ursprung allen Leidens das blinde Festhalten am Leben ist. Außerdem erkannte er, dass man das Leiden, wenn man seine Ursache kennt, beenden kann, indem man die Ursache beseitigt. Durch diese Erkenntnis, oder „Erleuchtung", wurde Gautama zu **Buddha**, zum „Erwachten". Der Baum, unter dem er saß, wurde bekannt als *bhodi*-Baum. „Bhodi" bedeutet „Erleuchtung" oder „Erwachen". Jedem, der zu ihm kam, lehrte er seinen Übungsweg zur Erkenntnis. Seine Anhänger nannten ihn Shakyamuni (*Shaka* auf Japanisch; „Der Weise aus dem Geschlecht der Shakya"), Tathagata (*Nyorai* auf Japanisch; „Der so Gekommene und so Gegangene") oder gaben ihm andere ehrenvolle Namen. Buddha lehrte, dass jeder, der erkennt, woher das Leiden kommt und wie es beendet werden kann, selbst zum Buddha werden kann.

Die zentrale Lehre Buddhas wird, insbesondere in der **Theravada**-Schule, traditionell durch die Formel der „Vier edlen Wahrheiten" und des „Achtfachen Pfades" weitergegeben.[1] Die vier edlen Wahrheiten sind: (1) Das Leben ist leidvoll, (2) Die Ursache des Leidens ist die Begierde, (3) Das Leiden hört auf, wenn man die Begierde beseitigt, (4) Der Weg zum inneren Frieden (*nirvana*) führt über den achtfachen Pfad. Der achtfache Pfad besteht aus: (1) rechte Ansicht (oder Weisheit), (2) rechte Absicht (oder Motivation), (3) rechte Rede (insbesondere Ehrlichkeit und Freundlichkeit), (4) rechtes Handeln, (5) rechte Lebensführung (kein anderer soll Schaden nehmen), (6) rechtes Bemühen (Vermeidung böser Gedanken), (7) rechte Achtsamkeit, (8) rechte Konzentration (d. h. Meditation). Die Übung des achtfachen Pfads fördert die Auseinandersetzung mit sich selbst und ermutigt zu einem Leben in spiritueller Wachsamkeit. Obwohl alle acht Elemente untrennbar miteinander verbunden sind, ist der Schlüssel zur Erleuchtung die Meditation, da sie die anderen Elemente verstärkt und die Dinge in den richtigen Blickwinkel rückt.

Noch zu Buddhas Lebzeiten wurde ein Mönchs- und Nonnenorden (*sangha*) gegründet. Nach seinem Tod erhielt die buddhistische Gemeinde ihre Identität aufrecht, indem sie die „drei Schätze" zu den wichtigsten Elementen ihres Glaubens machte. Diese drei Schätze sind der *Buddha* (der „Er-

---

[1] Siehe Carol Anderson: *Pain and Its Ending*. Richmond, Surrey, 1999. Obwohl diese Lehre den Kernpunkt der Theravada-Tradition darstellt, wurde sie erst später zu den ursprünglichen Bestandteilen des buddhistischen Kanons hinzugefügt.

wachte", das Vorbild eines jeden Anhängers), der *dharma* (die Lehre, die universelle Wahrheit, das Gesetz) und die *sangha* (der religiöse Orden oder, im weiteren Sinne, die Gemeinschaft der Gläubigen).

In der Vorstellung der Buddhisten ist jedes Lebewesen durch folgende „vier Merkmale" gekennzeichnet: Unbeständigkeit (nichts ist ewig), Leiden (niemand kann sich Krankheit, Alter und Tod entziehen), Nicht-Ich (es gibt keine Substanz, die dem „Ich" entspricht; die Identität des „Ichs" liegt außerhalb unserer Vorstellungskraft) und *nirvana* (der Zustand der Gelassenheit, den man erreicht, wenn man von den Fesseln seiner Existenz befreit oder aus dem *samsara*, dem Kreislauf von Leben und Tod, erlöst wird).

Sowohl buddhistische Nonnen und Mönche als auch Laien leben nach bestimmten Regeln. Diese sind: (1) nicht töten, (2) nicht stehlen, (3) nicht ehebrechen, (4) nicht lügen, (5) keine Rauschmittel konsumieren. Strenggläubige nennen drei „Übel", die sie vom rechten Handeln abhalten: Habgier, Zorn und die Unkenntnis von Buddhas Lehre. Außerdem müssen Eitelkeit und Eifersucht vermieden werden, da sie die rechte Meditation verhindern. Buddhisten üben sich besonders in vier erhabenen Tugenden: Freundschaft, Mitgefühl, Gelassenheit und die Fähigkeit, seinen Mitmenschen Glück zu wünschen und zu gönnen.

Der Hinayana- und Mahayana-Buddhismus

In den Jahrhunderten nach Buddhas Tod breitete sich der Buddhismus in ganz Indien aus und fasste auch in anderen Ländern Asiens Fuß. Es entwickelte sich eine Vielzahl an Traditionen und Schulen, die sich durch ihre Auslegungen der Lehre Buddhas voneinander unterschieden. Die Theravada-Tradition ist einer der drei Hauptzweige des Buddhismus und etablierte sich in Sri Lanka (Ceylon), Burma, Thailand, Laos und Kambodscha. Dieser Zweig, dessen Name „Der

Weg der Älteren“ oder „der Gelehrten“ bedeutet, hält an der ursprünglichen Lehre Buddhas fest und legt großen Wert auf die Einhaltung der Regeln, insbesondere derer des Mönchslebens. Der zweite Hauptzweig ist der **Mahayana**-Buddhismus („Großes Fahrzeug“). Seine Anhänger nannten den Zweig des Theravada-Buddhismus „**Hinayana**“ oder „Kleines Fahrzeug“, um deutlich zu machen, dass die Theravada-Tradition eine relativ eingeschränkte Ausrichtung hatte. Die meisten Gläubigen in Zentralasien, China, Korea und Japan schlossen sich dem Mahayana-Buddhismus an. Später entwickelte sich noch ein dritter Hauptzweig, der **Vajrayana**-Buddhismus, auf den wir später zurückkommen werden.

Der Mahayana-Buddhismus entstand als Laienbewegung im ersten Jahrhundert n. Chr. Seine Anhänger waren der Ansicht, dass ihre Ausübung des Buddhismus derer der Mönche und Gelehrten überlegen sei. Ihre Begründung dafür war, dass der Mönchsweg letztendlich nur auf die Erleuchtung des einzelnen Asketen abziele, während der Mahayana-Buddhismus die Erlösung aller fühlenden Wesen zum Ziel habe, welche mittels der mitfühlenden **Bodhisattvas** oder „Erleuchtungswesen“ erreicht werden könne. Bodhisattvas sind Menschen, die auf dem Weg zur Erleuchtung sind, aber dennoch auf der Erde bleiben, um andere zu erretten. Sie verkörpern das Ideal des Altruismus.

Die Mahayana-Buddhisten entwickelten die Lehre der drei „Körper“ (*kaya*) oder Manifestationsebenen eines Buddhawesens. *Nirmana-kaya* bezeichnet die Manifestation des Buddhawesens in der historischen Gestalt des Shakyamuni Buddha. *Sambogha-kaya* ist der „Freudenkörper“, ein Zustand, den Buddhas wie Amida (Amitabha) und **Yakushi** (Bhaisajya-guru) durch ihr jahrtausendelanges Wirken als gewissenhafte und eifrige Bodhisattvas erlangt haben. *Dharma-kaya* ist der kosmische Buddhakörper, die unvergängliche, allgegenwärtige Buddha-Essenz selbst, die sich in der Natur manifestiert. Der *Dharma-kaya* wird symbolisch durch den Sonnenbuddha Mahavairochana dargestellt. Das Pantheon des Mahayana umfasst eine Vielzahl an Buddhas und Bodhisattvas. Dazu gehören beispielsweise **Kannon**, die Bodhisattva des Mitleids und Miroku (Maitreya), der Buddha der Zukunft – ein Erretter, der 5 Milliarden 670 Millionen (5 670 000 000) Jahre nach Shakyamunis Tod auf der Erde erscheinen soll.

Die Einführung des Buddhismus in Japan

Nachdem die chinesischen Kaiser den Buddhismus im ersten Jahrhundert n. Chr. begeistert angenommen hatten, gelangte er im vierten Jahrhundert auch in die koreanischen Königreiche. Die Umstände, unter denen der Buddhismus in Japan eingeführt wurde, sind eng mit der ostasiatischen Machtpolitik des fünften und sechsten Jahrhunderts verbunden, da der Buddhismus als universale Religion gute Dienste beim Abschluss internationaler Bündnisse leistete. Zu jener Zeit war die koreanische Halbinsel in die drei Königreiche Paekche, Koguryo und Silla geteilt, von denen jedes diplomatische und militärische Beziehungen zu China und Japan unterhielt. Japan hatte ein besonderes Interesse an Korea, da es dort bis 562 eine Kolonie besaß.

Im Jahr 538 sandte König Song von Paekche (Regierungszeit 523–54) einen Boten zum japanischen Kaiser und ließ ihm eine Buddhastatue aus Gold und Bronze sowie einige buddhistische Schriften überbringen – Geschenke, die Japans militärischen Beistand gegen die einfallenden Truppen aus Silla sichern sollten. König Songs Bote übergab dem Kaiser außerdem einen Brief, in dem der König den Buddhismus als die „Beste aller Lehren" pries. Obwohl sie „schwer zu erklären und schwer zu verstehen" sei, schrieb der König, vermag sie „religiöses Verdienst und Vergeltung zu erzeugen".[2] Der japa-

[2] Aston: *Nihongi*, 2: S. 65–66.

nische Kaiser Kinmei (Regierungszeit 539–71) war erfreut über dieses Geschenk, blieb jedoch politisch neutral und nahm den Buddhismus nicht an. Stattdessen reichte er die Buddhastatue an seinen Minister Soga no Iname weiter. Die Familie der Soga war damit betraut, Steuern von den zum Teil sehr wohlhabenden koreanischen Flüchtlingen einzutreiben. Außerdem unterhielt die Familie enge Beziehungen zu den koreanischen Königshäusern, wodurch sie über die allgemeinen Entwicklungen außerhalb Japans im Bilde war. Bereitwillig nahm sie den Buddhismus als universale Religion an. Die Verehrung Buddhas wurde jedoch von den Familien Mononobe und Nakatomi vehement bekämpft, da sie befürchteten, „den Zorn der Landesgötter" auf sich zu ziehen.[3]

Um sicherzustellen, dass der in seine Obhut gegebenen Buddhastatue die angemessene Verehrung entgegengebracht wurde, wählte Soga no Iname einige Nonnen aus. Drei Töchter aus angesehenen Familien koreanischer Abstammung legten freiwillig das Ordensgelübde ab und wurden so zu Japans ersten buddhistischen Nonnen. Manche Wissenschaftler vertreten die Ansicht, dass die Wahl von Frauen für diesen Dienst die Tradition der weiblichen Schamanen widerspiegle, die zu dieser Zeit in ganz Ostasien stark ausgeprägt war.[4] Die Nonnen begaben sich zusammen mit zwei anderen Frauen nach Paekche, wo sie zwischen 588 und 590 die buddhistischen Regeln (**Vinaya**) studierten und ihre Ordination erhielten. Nachdem sie nach Japan zurückgekehrt waren, nahmen sie ihren Dienst im ersten Buddha-Tempel Japans auf, den die Soga-Familie für sie errichtet hatte.[5]

Obwohl sich die Soga großer Feindseligkeit ausgesetzt sahen, förderten sie die Verbreitung des Buddhismus, und

---

[3] Ibid, 2: S. 65–67.

[4] Tamura Encho: *Kodai chosen-bukkyo to nihon-bukkyo (Der alte koreanische und japanische Buddhismus)*. Tokyo, Yoshikawa Kobunkan, 1980, S. 66.

[5] Ibid, S. 39 und 43–44.

schließlich fasste er in Japan Fuß. Yomei (Regierungszeit 585–87) war der erste Kaiser, der sowohl den Shinto als auch den Buddhismus annahm. Die koreanischen Königreiche schickten in der Zwischenzeit immer mehr ausgebildete buddhistische Nonnen und Mönche, Tempelbauer, Bildhauer buddhistischer Statuen, Techniker und Mechaniker nach Japan. Außerdem reisten viele buddhistische Mönche aus Japan nach Korea, um sich dort ausbilden zu lassen.

Prinz Shotoku

Die Zukunft des Buddhismus in Japan sah sehr vielversprechend aus, als Kronprinz Shotoku (574–622), Kaiser Yomeis Sohn, zum Buddhist wurde. Zuweilen wird Prinz Shotoku mit dem indischen König Ashoka verglichen, der ebenfalls zum Buddhismus konvertierte und ihn unter seine Schutzherrschaft stellte. Shotoku nahm Unterricht bei Eji (Hyeja auf Koreanisch), einem Priester aus Koguryo, der von 595 bis 615 in Japan lebte. Durch ihn eignete sich der Prinz ein beträchtliches Wissen über den Buddhismus und dessen heilige Schriften (*Sutras*) an. Der Prinz verfasste für seine Tante, Kaiserin Suiko (Regierungszeit 593–628), eine Erläuterung zum ***Sutra der Königin Shrimala*** (*Shoman-gyo* auf Japanisch) und zum ***Lotus-Sutra*** (*Hokke-gyo* auf Japanisch) und schrieb überdies einen Kommentar zum ***Vimalakirti-Sutra*** (*Yuima-gyo* auf Japanisch). (Die drei genannten Stutras gehören alle zur Mahayana-Tradition.)

Die Heldin des *Shrimala-Sutra* ist eine indische Königin, die durch ihren unerschütterlichen Glauben an Buddhas Lehre höchste Weisheit erlangt. Der spirituelle Eifer der Königin muss Suiko sehr beeindruckt haben, auch wenn sie selbst nie zum Buddhismus konvertierte und ihm gegenüber politisch und religiös neutral eingestellt blieb. Das *Lotus-Sutra* handelt von der universalen Erlösung aller fühlenden Wesen, während das *Vimalakirti-Sutra* den Laienbuddhisten Vimalakirti preist. Vimalakirti war ein weiser und sehr wohlhabender Mann, dessen Verständnis für den Buddhismus tiefer gewesen sein soll als das des weisesten Bodhisattvas Manjushri (Monju auf Japanisch).

Prinz Shotoku befasste sich unter Anleitung des koreanischen Gelehrten Kakuka (Hakka auf Koreanisch) auch mit den Klassikern der chinesischen Literatur. Dabei eignete er sich beträchtliche Kenntnisse über den Konfuzianismus, Daoismus, Legalismus und andere chinesische Philosophenschulen an. Immer wieder sandte er Boten an den chinesischen Sui-Hof (581–619), um die dortige Kultur zu erkunden und sie nach Japan zu bringen. Im Jahr 604 veröffentlichte er die „Verordnung in siebzehn Artikeln", die mit dem berühmten Satz „Die Harmonie soll geschätzt werden" beginnt und den Artikel „Verehrt eifrig die drei Schätze" beinhaltet.[6] Harmonie ist der Schlüsselbegriff des Konfuzianismus, während die drei Schätze die Grundfesten des Buddhismus bilden, also Buddha, seine Lehre und die Gemeinschaft der Gläubigen. Auf Prinz Shotokus Betreiben hin wurden der Buddhismus, der Konfuzianismus und andere philosophische Denkschulen aus China in die Kultur Japans integriert.

Der Kult um Prinz Shotoku

Der Tod des Prinzen am fünften Tag des zweiten Monats im Jahr 622 stürzte das ganze Land in tiefe Trauer. Schon bald verbreitete sich der Glaube, dass Shotoku ein heiliger Mann gewesen sei. Sein Bild verschmolz mit dem des Shakyamuni Buddha, der ebenfalls als Prinz geboren worden war. In der Legende über seine Geburt heißt es: „An dem Tag, an dem ihre Schwangerschaft ein Ende fand, wanderte die Gemahlin des Kaisers im verbotenen Bereich umher und inspizierte die

---

[6] Für die „Verordnung in siebzehn Artikeln" siehe Tsunoda: *Sources of Japanese Tradition*, S. 51–53.

verschiedenen Amtsstuben. Als sie in den Bereich der Pferde kam und gerade die Tür zu den Stallungen erreicht hatte, gebar sie plötzlich und ohne jegliche Anstrengung ihren Sohn."[7] Dies ist ganz offensichtlich eine Anspielung auf die Geburt von Siddhartha (Shakyamuni), dessen Mutter, Königin Maya, ihn der Legende nach aus ihrer rechten Seite und ohne Schmerzen gebar. Sofort stand er auf, ging sieben Schritte und verkündete der Welt: „Für die Erleuchtung wurde ich geboren, für die Errettung aller Lebewesen." Wie Buddha soll auch Shotoku gleich nach seiner Geburt außergewöhnliche Fähigkeiten besessen haben: „Als er geboren wurde, konnte er schon sprechen, und als er älter wurde, war seine Weisheit so groß, dass er sich gleichzeitig mit den Rechtsstreitigkeiten von zehn Männern beschäftigen konnte und jeden einzelnen Fall ohne Fehler löste. Er wusste immer schon vorher, was passieren würde."[8]

So entstand der Shotoku-Kult. Der Tempel, der mit dem Prinzen assoziiert wurde – Shiten'noji in Osaka – wurde zum Zentrum seiner Verehrung. Shotoku, der kaiserliche Schutzpatron des Buddhismus, wurde zum Vorbild vieler japanischer Buddhisten wie zum Beispiel Saicho, Shinran und Ippen.

Der Nara-Buddhismus

Die Anzahl der buddhistischen Klöster stieg von weniger als 80 während der Asuka-Periode auf über 550 während der Hakuho-Periode an.[9] Sowohl Kaiser Tenmu (Regierungszeit 673–86) als auch Kaiser Monmu (Regierungszeit 697–707) unterstützten den Buddhismus und legten damit den Grundstein für sein staatliches Patronat. Im Jahr 701 wurden die

---

[7] Aston: *Nihongi*, 2:148–149.

[8] Ibid, 2: S. 122.

[9] Tamura: *Kodai chosen-bukkyo to nihon-bukkyo*, S. 170.

buddhistischen Nonnen- und Mönchsklöster per Gesetz (*soni-rei*) unter die Aufsicht des Staates gestellt.

Bis in die Nara-Zeit hinein stand der Buddhismus unter kaiserlicher Schutzherrschaft und die verschiedenen **Schulen des (Nara-)Buddhismus** in der Hauptstadt fanden großen Zulauf. Zu diesen Schulen gehörten die Hosso-Schule, die aus der chinesischen Yogachara-Schule hervorgegangen war und in den Tempeln Yakushiji, Kofukuji und Horyuji gelehrt wurde, die Kusha-Schule (das Studium des *Abhidharmakosha*), die Jojitsu-Schule (die Auslegungstradition des *Satyasiddhi*), die Sanron-Schule (der japanische Ableger der chinesischen Madhyamika-Schule), die Kegon-Schule (der japanische Ableger der chinesischen Huayan-Schule, deren Grundlage das ***Blumenkranz-Sutra*** bildet), die durch den Todaiji-Tempel repräsentiert wurde, und die Ritsu-Schule (auch Vinaya- oder Disziplin-Schule genannt), die durch den Toshodaiji-Tempel repräsentiert wurde. Während Kusha, Jojitsu und Ritsu Theravada-Schulen waren, wurden Hosso und Sanron dem frühen und Kegon dem voll entwickelten Mayahana-Buddhismus zugeordnet. Im Gegensatz zu den späteren sektiererischen Schulen, die ihren Anhängern untersagten, die Lehren der anderen Schulen zu studieren, stand es den damaligen Mönchen frei, sich mit den Philosophien und Denkansätzen der anderen Schulen zu beschäftigen, um ein tieferes Verständnis für ihre Religion zu entwickeln. In den größeren Tempeln Naras wurde bei buddhistischen Festen musiziert und getanzt, und es wurden einfache Theaterstücke aufgeführt. Mit der Zeit entwickelten sich aus diesen Bräuchen unabhängige Kunst- und Unterhaltungsformen. Heiligtümer wie der Yakushiji-, Kofukuji-, Horyuji-, Todaiji- oder Toshodaiji-Tempel erfreuen sich auch heute noch hoher Besucherzahlen, da sie als die ältesten Tempel des Landes großes Prestige besitzen.

Die Anziehungskraft des Buddhismus auf die Machthabenden

In den ostasiatischen Ländern breitete sich der Buddhismus von oben nach unten aus, von den Königen oder Kaisern zu ihren Untertanen. Was den Machthabenden besonders gefiel, war die Vorstellung des *cakravartin* („der das Rad dreht"), der das Idealbild eines buddhistischen Universalherrschers darstellte. Der Buddhismus lehrte, dass sich durch das Wirken eines gütigen Herrschers das Paradies auf Erden manifestiere. Dieses erhabene Konzept trug zur Legitimation ihrer Herrschaft bei. Zudem glaubte man, dass die Länder, deren Könige gläubige Buddhisten waren, unter besonderem Schutz stünden.

Zwei der Mahayana-Sutras, nämlich das ***Sutra vom Goldenen Licht*** (*Konkomyo-saishoo-kyo* auf Japanisch) und das *Blumenkranz-Sutra* (*Kegon-kyo* auf Japanisch), waren für die japanischen Kaiser besonders wichtig. Das *Sutra vom goldenen Licht* beinhaltet die Lehre vom Ewigen Buddha und seinem grenzenlosen, allgegenwärtigen Mitgefühl. Außerdem vermittelt es die Botschaft, dass jeder Mensch durch selbstlose Taten zum Buddha werden kann und dass am Anfang eines religiösen Lebens die Erkenntnis über die eigene Sündhaftigkeit und der Wunsch, für seine Sünden zu sühnen, stehen.[10] Ein Kapitel des Sutra ist an die Herrscher gerichtet und zeigt auf, wie ein Land regiert werden soll, um für alle ein Leben in Frieden und Glück zu sichern. Das *Blumenkranz-Sutra* beschreibt die herrliche Welt des Birushna Buddha (Vairochana), der die unsterbliche Buddha-Essenz repräsentiert.

---

[10] Tsunoda: *Sources of Japanese Tradition*, S. 97.

Der Todaiji-Tempel und die Statue des Großen Buddha

Kaiser Shomu (Regierungszeit 724–49) und seine Gefolgsleute nahmen den Buddhismus begeistert an. Auf Befehl des Kaisers wurden Kopien des *Sutra des Goldenen Lichts* in allen Provinzen verteilt, und jede Provinz wurde dazu verpflichtet, ein Mönchs- und ein Nonnenkloster einzurichten. Im Jahr 743 ordnete der Kaiser den Bau des Haupttempels Todaiji (Großer Östlicher Tempel) in Nara an, der den Klöstern in den Provinzen als gemeinsames Zentrum dienen sollte. Außerdem befahl er, dass eine überdimensionale Statue des Vairochana-Buddha (*daibutsu*) aus Bronze gegossen werden sollte. Nach einigen fehlgeschlagenen Versuchen wurde die über 15 Meter hohe Statue im Jahr 749 fertiggestellt. Wie es der Zufall wollte, wurde kurz zuvor Gold in der nördlichen Provinz entdeckt. Bis dahin hatte man geglaubt, dass Japan gar kein Goldvorkommen habe, und man nutzte den Fund, um die Statue reich zu verzieren. Für den Kaiser und die Kaiserin, die zu diesem Zeitpunkt bereits zurückgetreten waren, bedeutete das Gold ein Geschenk des mitfühlenden Vairochana-Buddha. Sie erklärten sich selbst zu „Dienern der drei Schätze", also des Buddhas, des Dharmas und der Sangha.[11] Im Jahr 752 wurde die Statue mit einer prächtigen Zeremonie eingeweiht, die von buddhistischen Mönchen aus Indien vollzogen wurde und der mehr als 5 000 Menschen beiwohnten.

Der Umzug nach Kyoto

Da die buddhistischen Klöster während der Nara-Zeit vom Staat gefördert und unterstützt wurden, mussten sich die Mönche und Nonnen nicht selbst um Unterkunft, Kleidung und Nahrung kümmern. Dieses komfortable Leben führte dazu, dass manche Mönche und Nonnen es mit der Einhal-

[11] Ibid, S. 99.

tung der Glaubensregeln nicht mehr ganz so genau nahmen. Ein extremes Beispiel dafür war Dokyo, ein Priester der Hosso-Schule, der die Gunst der Kaiserin Shotoku (Regierungszeit 764–70) erlangte und 765 zum obersten Minister ernannt wurde. Die Kaiserin gedachte, ihr Amt niederzulegen und ihn an ihrer statt zum Kaiser zu krönen. Bevor dies geschehen konnte, wurde sie jedoch krank und starb. Dokyo wurde daraufhin verbannt und musste die Stadt verlassen. Kaiser Kanmu (Regierungszeit 781–806) hielt es für untragbar, dass Priester sich in die Staatsaffären einmischten und verlegte die Hauptstadt von Nara nach Kyoto.

Zwei bedeutende buddhistische Meister traten in dieser Zeit in den Vordergrund: Saicho und Kukai. Saicho gründete die Tendai-Schule auf dem Berg Hiei, und Kukai gründete die Shingon-Schule auf dem Berg Koya. Beide Schulen standen unter kaiserlichem Patronat und wurden vom Adel unterstützt, weshalb Ableger der Klöster in Kyoto eingerichtet wurden.

Saicho und die Tendai-Schule

Saicho (767–822), der 785 im Alter von 19 Jahren im Todaiji-Tempel die Mönchsweihe erhielt, verließ Nara und zog sich in die Einsamkeit des Bergs Hiei zurück, um dort, wie er hoffte, eine reinere Form des Buddhismus zu entwickeln. Seine Weisheit und seine noble Gesinnung beeindruckten Kaiser Kanmu, und es heißt, dass der Herrscher auf Saichos Anraten hin Kyoto als neuen Sitz der Hauptstadt wählte. Nach dem Prinzip des chinesischen *Fengshui* ist die nordöstliche Ecke eines Gebietes oder eines Raumes der Eingang „böser Geister“, weshalb es günstig für eine Stadt ist, eine „Festung“ an dieser Stelle zu haben. Der Berg Hiei liegt genau nordöstlich von Kyoto, und man glaubte, dass der Bau eines Klosterzentrums auf diesem Berg die Stadt vor schädlichen Energien schützen würde.

Saicho war überzeugt davon, dass die rechte Ausübung des Buddhismus Erlösung für alle fühlenden Wesen brächte. Aus diesem Grund machte er das *Lotus-Sutra* und die Schriften der chinesischen Tiantai-Schule über die Meditation (*shikan*) zur Grundlage seiner Studien. Mit der Unterstützung des Kaisers gründete er 794 ein Kloster auf dem Berg Hiei. Im Jahre 804 nahm Saicho an einer Delegation teil, die der Kaiser an den chinesischen Tang-Hof entsandte. Er hatte den Auftrag, Übersetzungen der Lehrschriften der Tiantai-Schule (Tendai auf Japanisch) und der Huayan-Schule (Kegon auf Japanisch) entgegenzunehmen und *Sutras* und Kommentare zu sammeln. Nachdem er dieser Verpflichtung nachgekommen war, kehrte er im darauffolgenden Jahr mit 460 *Sutras* und buddhistischen Schriften nach Japan zurück. Darunter waren auch Schriften über Meditationstechniken und **esoterische** buddhistische Übungen (die jedoch erst durch Kukai volle Verbreitung fanden, siehe unten).

Mit dem Tod Kaiser Kanmus im Jahre 806 verlor Saicho seinen mächtigen Schirmherren. Zu dieser Zeit hatte das Kloster auf dem Berg Hiei jedoch längst eine solide Grundlage, um weiter wachsen und sich entwickeln zu können. Jedes Jahr wurden zwei Schüler des Klosters in die landesweite Gemeinschaft der Priester berufen. Im Jahr 813 verlieh der Kaiser Saichos Klosterzentrum den Namen Enryakuji und 818 stellte Saicho Regeln für das Studium in seinem Kloster auf. Beispielsweise legte er fest, wie viele Schüler gleichzeitig ausgebildet werden durften und wie lange ihre Ausbildung dauern sollte (zwölf Jahre). Er traf diese Regelungen in der Hoffnung, dass das Kloster das Privileg erhalten würde, selbst Mahayana-Priesterweihen vornehmen zu dürfen. Zeit seines Lebens blieb dies sein größter Wunsch, der schließlich 822, sieben Tage nach seinem Tod, in Erfüllung ging. 866 wurde ihm posthum der Titel Dengyo Daishi oder „Großer Meister, der die Lehre [aus China] überliefert hat" verliehen.

Das Lotus-Sutra und die Tendai-Meditation

Die Lehre der Tendai-Schule hält am *Lotus-Sutra* fest, nach dem Buddha allgegenwärtig ist und die Erlösung allen fühlenden Wesen, darunter auch „Pflanzen und Bäumen“, offen steht. Durch das *Lotus-Sutra* wurde auch der Kannon-Kult verbreitet. Kannon war eine Bodhisattva, die übernatürliche Heilkräfte besaß und die Menschen von Leid, Krankheit und Armut erlöste. Das *Lotus-Sutra* hatte großen Einfluss auf die Entwicklung des Mahayana-Buddhismus. Es nennt sich selbst das oberste *Sutra*[12], und führende Denker des Mahayana-Buddhismus, beginnend mit Nagarjuna (ca. 150–250 n. Chr., Gründer der indischen Madhyamika-Schule), schenkten ihm große Aufmerksamkeit. Das *Lotus-Sutra* wurde aus dem Sanskrit ins Chinesische übertragen und war auch den Japanern zugänglich. Prinz Shotoku war der Erste in Japan, der sich mit dem *Lotus-Sutra* befasste.

Die Meditationstechnik des Tendai ist bekannt als „Stillstand und innere Einkehr“ (*shikan*). Während der Meditation beruhigt man seinen Geist und öffnet seinen Blick für die Natur des Universums. Der Lehrsatz „ichinen sanzen“ (wörtlich, „3 000 Welten in einem einzigen Gedanken“) fasst grob die Lehre der Tendai-Meditation zusammen. Sie befasst sich mit der Mahayana-Kosmologie der „zehn Welten“, die nach dem Grad der spirituellen Erleuchtung ihrer Bewohner klassifiziert werden. Die zehn Welten sind von unten nach oben: die Welt der Höllenbewohner, die Welt der hungrigen Geister, die Welt der Tiere, die Welt der kämpferischen, bösartigen Dämonen (*asuras*), die Welt der Menschen, die Welt der Götter, die Welt der (nach der Hinayana-Tradition) Erwachten, die Welt der selbsterleuchteten Menschen, die Welt der Bodhisattvas und die Welt der Buddhas. Keine der

---

[12] Leon Hurvitz, *Scripture of the Lotus Blossom of the Fine Dharma*. New York, Columbia University Press, 1976, S. 298.

Welten ist in sich geschlossen, vielmehr sind die Grenzen fließend, und jede Welt kann jede der anderen neun Welten beinhalten (zum Beispiel verhält sich ein zorniger Mensch eher wie ein Tier oder ein bösartiger Dämon). Deshalb ergeben sich aus den zehn Welten hundert „Unterwelten". Außerdem besteht das Universum aus drei Dimensionen: der Dimension der einzelnen Individuen, der ihrer Umgebung (sozial und biologisch) und der des gesamten Kosmos. Jede Dimension beinhaltet wiederum alle „zehn Welten". Jedes Lebewesen (das eine der 100 Unterwelten repräsentiert) ist also in jedem Augenblick seines Lebens dreitausend potentiellen Lebenszuständen ausgesetzt, da es einer der drei Dimensionen in einer ihrer zehn Erscheinungsformen (30 Aspekte) angehört. Obwohl die Tendai-Lehre in ihrer Gesamtheit noch viel komplexer ist, ist das Ziel der Meditation, vereinfacht ausgedrückt, sich von seiner egozentrischen Sichtweise zu lösen und schließlich Mitgefühl zulassen zu können.[13]

Saicho nahm auch Elemente esoterischer Rituale in die Tendai-Lehre auf. Von Anfang an hatte der Denkansatz der japanischen Tendai-Schule eine sehr breit gefächerte Basis, wodurch sie Ausgangspunkt für die Entwicklung zahlreicher neuer Lehren und Bräuche war. Dank der günstigen Voraussetzungen brachte die Tendai-Schule eine Vielzahl herausragender Schüler hervor, von denen einige während der Kamakura-Periode neue buddhistische Bewegungen gründeten.

Kukai und die Shingon-Schule

Kukai (774–835) war gleichsam ein „Renaissance-Mensch", der auf so unterschiedlichen Gebieten wie Technik, Dichtung, Malerei, Musik und Sprachen außergewöhnliche Bega-

---

[13] Sekiguchi Shindai, *Mahashikan* (Eine ausführliche Anleitung zur Stille und inneren Einkehr). Tokyo, Iwanami Shoten, 1983, 1: S. 261–311.

bung zeigte. Er soll sich auf Chinesisch ebenso gut ausgedrückt haben wie die Gelehrten Chinas, und in der Kunst der Kalligraphie soll er den meisten seiner Zeitgenossen weit überlegen gewesen sein. Er ließ sich auch in Sanskrit unterrichten, der Sprache also, in der die buddhistischen Schriften ursprünglich verfasst worden waren.

Kukais Familie hatte seine Erziehung zunächst auf eine Karriere als Hofbeamter ausgelegt, er selbst erkannte aber schon bald, dass seine Berufung in der Religion lag. Der Buddhismus sagte ihm mehr zu als der Konfuzianismus oder der Daoismus, jedoch fand er in der Art von Buddhismus, wie sie in Nara praktiziert wurde, keine Erfüllung. Er kehrte auf seine Heimatinsel Shikoku zurück, um sich dort in der Wildnis strengen asketischen Übungen zu unterziehen. Dabei beschäftigte er sich vor allem mit der Frage, wie es Buddha gelungen war, seine Spiritualität mit seinen natürlichen Trieben, wie zum Beispiel dem Sexualtrieb, in Einklang zu bringen. Die Antwort fand er schließlich im *Mahavairochana-Sutra* (*Dainichi-kyo* auf Japanisch). Dort wird menschliches Verlangen nicht als grundsätzlich schlecht gesehen, sondern als etwas Positives, das – aus der Perspektive eines Erleuchteten betrachtet – rein ist.

Wie Saicho war auch Kukai ein Mitglied der Delegation, die der Kaiser 804 nach China entsandte. In der Hauptstadt Chang'an suchte er Meister Huiguo auf, um sich von ihm unterrichten zu lassen. Huiguo hatte seinerseits unter Amoghavajras studiert, einem indischen Meister, der die esoterische Lehre der Vajrayana-Schule in China eingeführt hatte. Huiguos Leben näherte sich bereits seinem Ende, und so kam es ihm sehr gelegen, dass er in Saicho einen Schüler fand, dem er in der verbleibenden Zeit sein Wissen übermitteln konnte. Im Jahr 806 kehrte Kukai nach Japan zurück und brachte 247 Schriftrollen mit sich, von denen die meisten esoterische Lehren enthielten. Außerdem hatte er auserlesene *mandalas* und kunstvoll gearbeitete rituelle Gegenstände im Gepäck.

Der esoterische Buddhismus, der von Kukai nach Japan gebracht wurde, gehört zum dritten großen Zweig des Buddhismus, dem Vajrayana (wörtlich, „Diamant-Fahrzeug). Diese Form des Buddhismus entstand im sechsten oder siebten Jahrhundert im Norden Indiens und gelangte von dort aus nach Tibet, in die Mongolei und nach China. Seine Anhänger verehrten den kosmischen Buddha Mahavairochana als die höchste Verkörperung der kosmischen Wahrheit. Kukais **Shingon**-Schule („Schule des Wahren Wortes") entwickelte komplizierte Rituale wie das Rezitieren von *mantras* oder anderer formelhafter Gebete, sowie Hand- und Fingergesten (*mudras*), die bei jeder Anrufung ausgeführt werden. Die Einheit des Körpers, das Wort (das Rezitieren der *mantras*) und der Gedanke (der sich auf Buddha konzentriert) sind dabei von größter Bedeutung. Die Shingon-Schule bedient sich außerdem einer Reihe von Zeichnungen, die *mandalas* genannt werden und mit deren Hilfe die Lehren des *Mahavairochana-Sutras* und des *Diamant-Sutras* (*Kongocho-gyo* auf Japanisch) visualisiert und erläutert werden.

Im Jahr 809, drei Jahre nachdem er nach Japan zurückgekehrt war, zog Kukai nach Kyoto um. In dieser Zeit ließ sich Saicho von Kukai unterrichten, der ihn mit den esoterischen Lehren vertraut machte. Er schickte auch die Schüler seines Klosters in Kukais Tempel, damit sie dort die esoterischen Übungen erlernten. Als sich aber Saichos bester Schüler Taihan im Jahr 815 weigerte, zum Berg Hiei zurückzukehren und sich stattdessen Kukai anschloss, zerbrach die zuvor schon angespannte Freundschaft der beiden. Der Vorfall führte zu einem strengen Sektierertum, von dem die Entwicklung des Buddhismus in Japan fortan geprägt sein sollte.

Kukai wurde von Kaiser Saga unterstützt, der ihm Land auf dem Berg Koya übereignete. Dort legte Kukai 816 den Grundstein für sein Kloster und gründete die Shingon-Schule. Kukai wählte den Berg Koya, weil dessen Umgebung ein natürliches *mandala* bildet. Der Talkessel, in dem zahlreiche

Gebäude des Tempels stehen, ist von Bergen umgeben, deren Spitzen in einem überdimensionalen Maßstab die Blätter einer Lotusblüte nachbilden. Jeder der Berge ist der Wohnsitz eines Buddhas. Kukais Lehre betonte die große Bedeutung weltlichen Glücks. Sein Ziel war es, den Menschen durch esoterische Rituale unmittelbar und spürbar das Leben zu erleichtern. Zu diesen Übungen zählten zum Beispiel das Rezitieren von *mantras* und komplizierter Beschwörungsformeln oder das Abbrennen von Reinigungsfeuern. Aufgrund ihrer Ziele und Rituale fand die Shingon-Schule großen Anklang bei den Höflingen in Kyoto. Häufig wurden Priester der Schule vom Hof beauftragt, bei allen erdenklichen Anlässen Gebete zu sprechen.[14]

921 wurde Kukai posthum der Titel „Kobo Daishi" („Großer Meister, der den Buddhismus überall verbreitete") verliehen. Ungefähr zur selben Zeit verbreitete sich der Glaube, dass Kukai nicht gestorben, sondern in einen Zustand der ewigen Meditation eingetreten sei und sich in das innere Heiligtum des Bergs Koya zurückgezogen habe. Kukais außergewöhnliches Charisma und seine spirituellen Fähigkeiten waren der Grund für den Kult des „Odaishisan" (Großer Lehrer), der auch heute noch für viele seiner Anhänger eine Quelle der Inspiration ist. Kukais Geburtstag am 15. Juni wird noch immer von vielen Laien gefeiert. Menschen aus ganz Japan pilgern zum Berg Koya, um seiner mit einer farbenfrohen Prozession, Tänzen und Gesängen zu gedenken. Aus diesem Kult entwickelte sich zudem die beliebte Praxis der Pilgerreise um die Insel Shikoku, auf der sich der junge Kukai asketischen Übungen unterzogen hatte.

---

[14] Tsunoda: *Sources of Japanese Tradition*, S. 143–44.

Berge als Stätten religiöser Übungen

Sowohl Saicho als auch Kukai verdankten ihren Erfolg nicht zuletzt den Orten, die sie für die Gründung ihrer Klöster ausgewählt hatten, das heißt den Bergen Hiei und Koya. Beide Männer fühlten sich von der einheimischen Tradition der Bergasketen angezogen, die ihren Ursprung im Altertum hatte. Damals bedeuteten Berge für die Menschen eine Art „Grenze", ein Tor zu einer anderen Welt, die von geheimnisvollen Tieren und Geistern bewohnt war. Da sie als heilig betrachtet wurden, waren Berge eine geeignete Übungsstätte für Asketen, die dort ihre spirituellen Kräfte durch Enthaltsamkeit ins Übermenschliche steigern konnten.[15]

Einer dieser Bergasketen war En no Ozuno (7. Jh. n. Chr.). Er gilt als Begründer des **Yamabushi**-Kults (Bergasketen-Kult), der auch unter dem Namen **Shugendo** bekannt ist. Dieser Kult verbindet das Prinzip von Yin und Yang, den Volksglauben, die esoterisch-buddhistische Kosmologie und Elemente des frühen Shinto miteinander. Seine Anhänger ziehen sich zu bestimmten Zeiten im Jahr in die Berge zurück und leben dort in absoluter Enthaltsamkeit. Natürliche Begebenheiten wie Höhlen oder Wasserfälle weisen im Shugendo weibliche bzw. männliche Merkmale auf und werden zudem mit dem „Mutterleib-Mandala" und dem „Diamant-Mandala" der Shingon-Lehre assoziiert.[16]

Neben den Bergasketen gab es eine Gruppe buddhistischer Wanderasketen (*hijiri*, „Heilige Männer"), die keinem der bestehenden Klöster angehörten und durch das ganze Land zogen, um ihre Pflichten als Bodhisattvas zu erfüllen. Zu ihnen gehörte auch der Mönch Gyoki, der von Kaiser Shomu den Auftrag erhalten hatte, beim Volk Spenden für

---

[15] Kitagawa: *Religion in Japanese History*, S. 39.

[16] Für eine Fallstudie siehe H. B. Earhart: *A Religious Study of the Mount Haguro Sect of Shugendo*. Tokyo, Sophia University, 1970.

den Bau der Großen Buddha-Statue im Todaiji-Tempel zu sammeln.

Die Zugangsbeschränkung der Heiligen Berge für Frauen

Beim Bau ihrer Klöster übernahmen sowohl Saicho als auch Kukai die buddhistische Tradition des *kekkai*. Um das heilige Gebiet eines Klosters wurden unsichtbare „Grenzen" gezogen – eine Tradition, die seit den Anfängen des Buddhismus in Indien existierte und die Klosterschüler vor jeglichen störenden Einflüssen schützen sollte. Dies bedeutete, dass das Gelände, auf dem das Kloster stand, von der Außenwelt abgeschnitten war, und insbesondere Frauen war es strengstens untersagt, einen Fuß über die Grenzen zu setzen. Die Tradition des *kekkai* entstand ursprünglich aus dem Grund, dass spirituelle Übungen nur in absoluter Ruhe durchgeführt werden können. Als die Tendai- und die Shingon-Schulen sich zu immer einflussreicheren Institutionen entwickelten, erwuchs aus der Tradition, Frauen den Zugang zum heiligen Gebiet zu verwehren, eine regelrecht frauenfeindliche Haltung innerhalb der Klostergemeinschaft. Sogar Nonnen war es verboten, die Übungsstätten des Klosters zu betreten. Am Berg Koya durften Frauen sich nur in den eigens für sie vorgesehenen Gebäuden aufhalten. Diese sogenannten Hallen der Frauen (*nyonindo*) befanden sich außerhalb des *kekkai*-Gebiets. Auch am Berg Hiei scheint es Frauen verboten gewesen zu sein, höher als bis zu einer bestimmten Markierung zu steigen.

Fünf Hindernisse, Dreifache Unterwerfung

Die Tradition, Frauen den Zutritt zu den Bergklöstern zu verwehren, scheint zu der Ansicht geführt zu haben, dass Frauen aufgrund ihrer „**fünf Hindernisse und dreifacher Unterwerfung**" in ihrer Spiritualität den Männern gegenüber minderwertig seien – eine Auffassung, die sich in der zweiten

Hälfte der Heian-Periode immer mehr verbreitete. Der Begriff der „fünf Hindernisse“ geht zurück auf einen bestimmten Zweig des Buddhismus in Indien, der die Ansicht vertrat, dass Frauen weder Teil der hinduistischen Gottheiten Brahma (der Oberste Herr), Indra (der Gott des Feuers) oder Mara („Teufel“) werden können, noch zum Weltenherrscher oder Buddha.[17] Dazu kam, dass Frauen in Asien den Männern traditionell in „dreifacher“ Weise unterworfen waren: während ihrer Kindheit musste eine Frau ihrem Vater gehorchen, nach ihrer Heirat ihrem Ehemann und im Alter ihrem Sohn. Das Konzept der „Fünf Hindernisse und dreifachen Unterwerfung“ hatte zur Folge, dass Zweifel an den spirituellen Fähigkeiten der Frauen aufkamen, obwohl der Buddhismus ja lehrte, dass alle Menschen den Zustand der Erleuchtung erlangen können, ganz gleich, ob Mann oder Frau.

Izumi Shikibu (ca. 978 – mind. 1036), eine Dichterin der Heian-Periode, beschreibt in einem ihrer Gedichte die Sehnsucht, die sie empfindet, als sie einen der Mönche, eine Wildblume (*ominaeshi*) in der Hand haltend, den Berg Hiei hinaufsteigen sieht. In chinesischer Schrift setzt sich das Wort „ominaeshi“ aus den Schriftzeichen für „Frau“, „Volk“ und „Blume“ zusammen, und für Izumi ist die Blume ein Sinnbild für Schwesternschaft.

Wenn Du Deinem Namen treu bist,
Dann sollte die Last der „fünf Hindernisse“ auf
Deinen Schultern ruh’n.
Wie ich Dich beneide!
Blume, die Du den Berg erklimmst.[18]

---

[17] *Majjima-nikaya* (Sutra 115).

[18] Iwamoto Yutaka: *Bukkyo nyumon* (*Eine Einführung in den Buddhismus*). Tokyo, Chuokoronsha, 1964, S. 115.

Volksglaube und religiöse Volksbräuche

Obwohl der Buddhismus in Japan großen Erfolg hatte, konnte er den zahlreichen religiösen Volksbräuchen nicht den Rang ablaufen oder sie gar verdrängen. Vielmehr wurden die bereits vorhandenen Bräuche durch die Integration buddhistischer Elemente noch komplexer als sie es ohnehin schon waren. Die meisten der religiösen Bräuche sind auch heute noch fester Bestandteil des japanischen Alltags.

Der japanische Volksglaube wurde stark von der *onmyo-do*-Lehre (Yin Yang) beeinflusst. Diese verbindet Elemente der Astrologie, der Wahrsagerei, des *Fengshui* und der Kalenderberechnung miteinander und kam zusammen mit dem Buddhismus, dem Konfuzianismus und dem religiösen Daoismus aus China über Korea nach Japan. Während Kaiser Tenmus Regierungszeit wurde das Amt für Kalenderangelegenheiten (*Onmyo-ryo*) eingeführt. Dort waren Gelehrte dafür zuständig, die Menschen hinsichtlich ihrer glück- und unglückverheißenden Tage zu beraten, die besten Tageszeiten für bestimmte Tätigkeiten zu bestimmen oder Himmelsrichtungen festzulegen, die unbedingt gemieden werden mussten. (Man muss sich nur einen Auszug aus der um 1000 n. Chr. entstandene *Geschichte von Genji* anschauen, um zu verstehen, wie stark diese Ratschläge das Leben der Menschen erschwerten.) Zwar sind seither viele der alten Ängste und Einschränkungen verschwunden, dafür kamen neue Unglückstage oder -zeiten im Kalender hinzu (die unserem „Freitag den Dreizehnten" ähnlich sind). Auch heute noch richten sich viele Menschen bei der Planung wichtiger Ereignisse wie Hochzeiten, Beerdigungen oder Firmengründungen nach dem Sechs-Tage-Rhythmus von glückverheißenden, halbwegs glückverheißenden und unglückverheißenden Tagen, der in der Edo-Periode festgelegt worden war.

Fast alle Shinto-Schreine und manche buddhistische Tempel verkaufen Omikuji oder „Orakelzettel", die für gewöhnlich Aussagen über das momentane Glück eines Menschen treffen (ähnlich wie das westliche Horoskop). Üblicherweise enthalten die Zettel einen didaktischen Spruch, der einem zu mehr Glück verhelfen soll. Heutzutage erhält man in den großen Tempeln und Schreinen auch Omikuji auf Englisch.

Die Angst vor der Strafe böser Geister

Während der Heian-Periode verbreitete sich der Glaube, dass die Geister von Adligen, die als Opfer politischer Intrigen im Exil gestorben waren, die Lebenden verfolgten und Unglück und Krankheit über sie brächten. Man glaubte auch, dass ein *goryo* (rachsüchtiger Geist) oder *onryo* (zorniger Geist) durch die richtige Verehrung besänftigt werden könne. In der Mitte des neunten Jahrhunderts wurde der Yasaka-Schrein in Kyoto errichtet, um einen dieser Geister – der inzwischen zur Gottheit erhoben wurde – zu beschwichtigen. Als 876 eine Seuche in Kyoto ausbrach, steigerte sich die Angst vor den zornigen Geistern unter den Einwohnern ins Unermessliche. Um sie zu besänftigen, wurde ein großes Fest abgehalten. Dies war der Anfang des berühmten Gion-Fests, das auch heute noch Jahr für Jahr in Kyoto begangen wird.

Zu den beliebtesten Schreinen zählen heute die Tenmangu-Schreine, die überall in Japan zu finden sind und besonders gern von Schülern und ihren Eltern aufgesucht werden. Der Ursprung dieser Schreine geht zurück auf den Kult des Sugawara no Michizane (845–903). Michizane, der seinerzeit ein hoher Funktionär am kaiserlichen Hof gewesen war, wurde 901 als Opfer einer Intrige nach Dazaifu auf der Insel Kyushu verbannt. Dort starb er kurz darauf an seinem gebrochenen Herzen. Im Jahr 930 zerstörte ein schreckliches Unwetter die privaten Gemächer im kaiserlichen Palast. Einige Minister kamen dabei ums Leben, und der Kaiser erkrankte in der Folgezeit tödlich. Bald verbreitete sich das Gerücht, dass Michizanes Geist für das Unglück verantwortlich sei.

Schon vor dem Unwetter hatte es zahlreiche Anzeichen für Michizanes Rachsucht gegeben. Deshalb hatte man ihn 923 wieder in alle seine Ämter eingesetzt und ihm posthum den obersten Dienstrang des Hofs verliehen. Den verängstigten Höflingen war jedoch bewusst, dass mehr getan werden musste, um Michizanes Geist zu beschwichtigen. Im Jahr 947 wurde deshalb der Tenmangu-Schrein errichtet, um seiner Seele eine Ruhestatt zu geben. Fortan wurde er als *kami* unter dem Namen Tenjin verehrt. Da Michizane zu Lebzeiten ein großer Gelehrter gewesen war, wurde er zur Gottheit des Lernens und der Gelehrsamkeit. Heutzutage strömen Schüler und Studenten in Scharen zu den Tenmangu-Schreinen, erstehen einen Talisman (*omamori*), weihen dem Gott ein Holztäfelchen, auf das sie ihre Wünsche geschrieben haben (*ema*), und lassen einen Priester für gute Schulnoten oder eine erfolgreiche Aufnahmeprüfung an der Universität beten. Die hier erwähnten Beispiele sind nur eine kleine Auswahl der zahlreichen alten Bräuche, die auch heute noch in Japan existieren.

4

Der Aufstieg der Schulen des Kamakura-Buddhismus

Der Amida-Kult und *Nenbutsu*

Traditionell vertraten die Buddhisten die in China entstandene Ansicht, dass die Lehre Buddhas allmählich untergehen würde.

In Japan wurde der Beginn des „letzten Zeitalters der Lehre“ (*mappo*) im Jahr 1052 erwartet.[1] Als dieser Zeitpunkt näher rückte, befiel die Menschen große Unsicherheit und Angst. Sie wandten sich an die Buddhas – insbesondere an Amida Buddha – und an die Bodhisattvas und baten sie um Errettung.

Amida Buddha ist der Held des „Längeren Sutra des *Reinen Landes*“ (*Daimuryoju-kyo* auf Japanisch). Dort heißt es, dass Amida, als er noch der Bodhisattva Dharmakara war, in achtundvierzig Gelöbnissen angekündigt habe, alle fühlenden Wesen zu erretten. In seinem achtzehnten Gelöbnis erklärte er, dass er nicht zum Buddha werden würde, wenn er es auch nur einmal versäumen sollte, einem Gläubigen, der ihn im Augenblick seines Todes um Hilfe anrief, zusammen mit der „Gemeinschaft der Bettelmönche“ rettend zur Seite zu stehen. Nachdem er jahrtausendelang als gewissenhafter Bodhisattva gedient hatte, erfüllte Dharmakara seine Gelöbnisse und wurde zu Buddha Amitabha (Amida auf Japa-

[1] Der Buddha klagte, dass seine Lehre nach und nach untergehen würde. Auf das erste Zeitalter, das „Zeitalter der wahren Lehre“, sollte das „Zeitalter der verfälschten Lehre“ folgen und schließlich das „Zeitalter des Untergangs der Lehre“, das 10 000 Jahre dauern sollte.

nisch). Deshalb, so glaubt man, wird jeder, der ihn um Hilfe anruft, in dem von Amida erschaffenen Westlichen Paradies wiedergeboren.

Genshin und seine Vorstellung von Himmel und Hölle

Vermutlich wurde die Praxis des *nenbutsu* – das fortwährende Anrufen von Amida Buddhas Namen mit den Worten „Namu Amida-butsu" – 847 von einem chinesischen Tendai-Priester namens En'nin nach Japan gebracht. Die Praxis verbreitete sich nach und nach unter den Mönchen auf dem Berg Hiei und erfreute sich bald schon immer größerer Beliebtheit. Im Jahr 964 bildete sich unter der Leitung von Genshin (942–1017) eine Gemeinschaft, die sich ausschließlich der Ausübung des *nenbutsu* widmete.

Genshin war in erster Linie dafür verantwortlich, dass sich der Amida-Kult auch außerhalb des Klosters auf dem Berg Hiei verbreitete. In seiner *Elementarlehre der Errettung* beschreibt er die „zehn Bereiche des Lebens" oder die „zehn Welten" (siehe Kapitel 3), die sich von der Welt der Hölle bis zur Welt der Buddhas oder dem Paradies erstrecken. Genshin war der Ansicht, dass man durch sein Verhalten in dieser Welt vorherbestimmt, in welcher Welt man wiedergeboren wird. Besonders eindrucksvoll war Genshins anschauliche Darstellung der acht Höllen (die Blutteich-Hölle, die Feuer-Hölle etc.): sie war so abscheulich, dass die Menschen um jeden Preis verhindern wollten, dort hinzugelangen, und alles dafür taten, um im Paradies wiedergeboren zu werden. Genshin war ein hochtalentierter Künstler und drückte seine Vision in Bildern und Skulpturen aus. Darstellungen des als *raigo* bekannten Motivs – Amida Buddha kommt umgeben von einer Schar mildtätiger Bodhisattvas auf einer golden Wolke zur Erde herab, um einen Gläubigen von seinem Totenbett zu erretten und in sein Westliches Paradies zu führen – machten großen Eindruck auf die Menschen.

In jener Zeit, in der die Religion wichtiger war denn je, trafen sogar die Mächtigsten Vorkehrungen, um ihre Chancen auf eine Wiedergeburt im Paradies zu erhöhen. Als Premierminister Fujiwara no Michinaga 1027 starb, hielt er im Augenblick seines Todes fünf farbige Schnüre (blau, gelb, rot, weiß und schwarz) in seiner Hand, die an der Hand einer Statue des Amida Buddha festgebunden waren. Man glaubte, sich auf diese Weise seine Wiedergeburt im Westlichen Paradies sichern zu können. 1052, in dem Jahr also, in dem das letzte Zeitalter anbrechen sollte, wandelte Michinagas Sohn Yorimichi (auch ein Premierminister) seine herrschaftliche Villa im südlich von Kyoto gelegenen Uji in den buddhistischen Tempel Byodoin um. Im darauffolgenden Jahr stellte er in der Haupthalle des Tempels eine große vergoldete Statue des Amida Buddha auf.

Der Aufstieg des „Kamakura-Buddhismus"

Die Kamakura-Periode brachte eine Reihe großer religiöser Führer hervor. Schulen wie die „Schule des Reinen Landes" (**Jodo-shu**), die „Wahre Schule des Reinen Landes" (**Jodo Shin-shu**), die Schulen des **Rinzai**- und des **Soto**-Zen, die **Nichiren**-Schule und die Stunden-Schule (**Ji-shu**) entstanden in dieser Zeit und entwickelten sich später zu den Hauptströmungen des Buddhismus in Japan. Zuweilen werden diese Schulen zusammenfassend als „Kamakura-Buddhismus" bezeichnet. Sie verbreiteten die buddhistische Erlösungsbotschaft in den Straßen der Städte und brachten sie auch in die entlegendsten Dörfer des Landes. Zudem lehnten sie es kategorisch ab, Frauen als spirituell minderwertig zu betrachten. Frauen waren in ihren Gemeinschaften willkommen, sie garantierten ihnen die gleichen Chancen auf Erlösung wie den Männern und ermunterten sie dazu, an der Ausübung des Buddhismus teilzunehmen.[2] Die aktive Missionierung der Frauen trug zum außergewöhnlich erfolgreichen Glaubensfeldzug dieser neuen Schulen bei.

Honen und die Schule des Reinen Landes

Honen (1133–1212) war der Begründer der Schule des Reinen Landes (Jodo-shu auf Japanisch). Er lebte als vielversprechender Mönch und Gelehrter auf dem Berg Hiei, gab seine privilegierte Stellung jedoch auf, um sich voll und ganz dem Ziel des Buddhismus zu widmen – der Erlösung aller Lebewesen. Beeindruckt von seiner Selbstlosigkeit, verlieh ihm sein Mentor den buddhistischen Namen Honen, was so viel bedeutet wie „Dharma genau so". Nachdem er achtzehn Jahre lang die buddhistischen Schriften studiert hatte, stieß er auf einen Kommentar zum *Meditations-Sutra* (*Kanmuryoju-kyo* auf Japanisch), der von Shandao (Zendo auf Japanisch), einem chinesischen Meister der Schule des Reinen Landes, verfasst worden war. Shandao vertrat die Ansicht, dass jeder durch die gewissenhafte Ausübung des *nenbutsu* errettet werden könne, so, wie Amida Buddha es versprochen hatte. Für Honen diente dieser Kommentar als schriftliche Basis für seine Überzeugung, dass die aufrichtige und fortwährende Ausübung des *nenbutsu* der Schlüssel zu Amidas Paradies sei.

Honen begann, sämtliche Schriften des Mahayana daraufhin zu untersuchen, ob sie zu seiner Überzeugung passten oder nicht. Jene, die es nicht taten, sortierte er aus. Er teilte die buddhistische Praxis in den „Pfad des Reinen Landes" und den „Pfad der eigenen Heiligkeit". Der erste beruhte auf dem unermesslichen Mitgefühl Amidas (der „anderen Kraft"

---

[2] Ihr Frauenbild stützte sich unter anderem auf das *Lotus-Sutra*, in dem berichtet wird, wie die achtjährige Tochter eines Naga-Königs die Buddhaschaft erlangt, sowie das *Längere Sutra des Reinen Landes*, in dem Amida gelobt, dass keiner Frau die Errettung verweigert werden soll.

oder *tariki*) und war deshalb der „einfache Pfad". Der zweite war der Pfad der eigenen Anstrengung (der „eigenen Kraft" oder *jiriki*) und deshalb der „schwierige Pfad". Diesen strich er weg. Dann teilte er den „Pfad des Reinen Landes" in „wichtige" und „unwichtige" Übungen. „Wichtig" waren solche, die einem dazu verhalfen, in Amidas Paradies wiedergeboren zu werden, alle anderen strich er weg. Als nächstes teilte er den Pfad der „wichtigen" Übungen in „Haupthandlung" (das heißt die Anrufung Amidas) und „Hilfshandlungen" (wie das Rezitieren des Sutras des Reinen Landes oder die rituelle Verehrung Amidas) und befand die Haupthandlung für wichtiger als die Hilfshandlungen.[3] So wurde Honens Lehre geboren, die besagt, dass allein die aufrichtige, ununterbrochene, fortwährende Ausübung des *nenbutsu* ausreiche, um errettet zu werden.

Honen fühlte sich in seinem Glauben an die Kraft des *nenbutsu* bestätigt, als er den Mönch Ensho kennenlernte. Dieser war bekannt für sein leidenschaftliches und ununterbrochenes Rezitieren des *nenbutsu* und für die strahlende Heiligkeit und Dankbarkeit, die er durch sein Leben im Dienste des *nenbutsu* erlangt hatte. Es sollte allerdings erwähnt werden, dass es auch schon vor Honen Wegbereiter für die Praxis des *nenbutsu* gab. Der Wandermönch Kuya (903–972) verbreitete den Brauch des *nenbutsu* in den Städten und Dörfern und war als „Heiliger der Straßen" bekannt. Ryonin (1072–1132), ein auf dem Berg Hiei ausgebildeter Priester, hatte 1117 mit der Erlaubnis des Kaisers die Schule des Yuzu-nenbutsu gegründet.

Honen begann, die fortwährende Anrufung Amidas, auch *senju nenbutsu* genannt, aktiv zu missionieren. Gleichzeitig

---

[3] Ohashi Shun'no: *Senchaku hongan nenbutsu-shu* (*Honens Sammlung von Texten über das Ursprüngliche Gelöbnis Amidas, in dem das Nenbutsu zum Besten Aller Wege bestimmt wird, die Wiedergeburt zu Erlangen*). Tokyo, Iwanami Shoten, 1999, S. 209–10.

bildete er 190 Schüler aus, von denen jeder wiederum selbst 200 Anhänger hatte, und gründete so seinen eigenen religiösen Orden. Frauen gegenüber hatte er eine egalitäre Haltung, da er der Ansicht war, dass sie Amidas Paradies genauso würdig seien wie Männer. Durch diese Einstellung konnte er Frauen unterschiedlichster Herkunft für sich gewinnen. Sowohl kaiserliche Prinzessinnen als auch „Freudenmädchen" zählten zu seinen Anhängerinnen.

Honens Lehre fand immer weitere Verbreitung, und der Einfluss seiner Anhängerschaft wurde bald so groß, dass sie für die anderen Schulen eine ernstzunehmende Konkurrenz darstellte. Das Enryakuji-Kloster (das Zentrum des Tendai-Buddhismus) und das Kofukuji-Kloster (das Zentrum der Hosso-Schule in Nara) fühlten sich bedroht und stellten 1204 bzw. 1205 einen Antrag an den kaiserlichen Hof, in dem sie ein Verbot der Praxis des *nenbutsu* verlangten. 1207 wurden zwei Schüler Honens, die beide über einflussreiche politische Beziehungen verfügten, zum Tode verurteilt. Honen und seine wichtigsten Schüler hingegen wurden auf Befehl des Kaisers ins Exil geschickt. Zwar wurde Honen vom Kaiser begnadigt und konnte im November 1211 nach Kyoto zurückkehren, von seiner Zeit im Exil war er jedoch so geschwächt, dass er zwei Monate später im Alter von achtzig Jahren starb.

In einer Anekdote über seinen Tod heißt es, dass Honens Schüler, als sie sahen, dass es mit ihrem Meister zu Ende ging, fünf farbige Schnüre vorbereiteten. Zudem brachten sie ein Bild an sein Sterbebett, auf dem dargestellt war, wie Amida zur Erde herabkommt, um einen Gläubigen in Empfang zu nehmen. Als Honen dies sah, sprach er: „Ich bin aus Amidas Paradies gekommen und dorthin werde ich jetzt zurückkehren. Macht euch also keine Mühe."[4] Bevor er starb,

[4] Mizu Shobo (Hrsg.):*Hachinin no soshitachi* (Acht Gründer). Tokyo, Mizu Shobo, 1980, S. 120.

hielt er seine lebenslange Überzeugung in seinem Testament fest: „Der Weg zur letzen Errettung ...führt ohne Zweifel nur über die Anrufung Amidas, ohne an Seiner Gnade zu zweifeln. Nur so kann man im Land der vollkommenen Glückseligkeit wiedergeboren werden."[5]

Die Jodo-Schule ist auch heute noch sehr erfolgreich und hat über 6 500 000 Anhänger. Sie gründete auch eigene Universitäten, an denen buddhistische Priester und Wissenschaftler ausgebildet werden.

Shinran und die Wahre Schule des Reinen Landes

Honens Schüler Shinran (1173–1262) gründete die Wahre Schule des Reinen Landes (Jodo Shin-shu auf Japanisch). Auch er erhielt seine Ausbildung auf dem Berg Hiei. Während seines Aufenthaltes dort wurde er jedoch von seiner sexuellen Begierde gequält. Zwar konnte er sein Verlangen tagsüber unter Kontrolle halten, nachts träumte er aber ständig davon, mit einer Frau zu schlafen. Sein schlechtes Gewissen schärfte sein Bewusstsein für die Sündhaftigkeit der Menschen. Im Traum erschien ihm Kannon, die Gottheit des Mitleids, um ihn von seinen Qualen zu erlösen. Sie sprach zu ihm: „Ich werde dich heiraten und dein Leiden mildern." Daraufhin verließ Shinran das Kloster auf dem Berg Hiei und schloss sich 1201 Honens Orden an. Honen war der Ansicht, dass die Ehe kein Hindernis für ein religiöses Leben sei oder die Chancen auf Erlösung gar verringere. Shinran, der sich dadurch beruhigt und bestärkt fühlte, heiratete. Er blieb aber auch weiterhin ein religiöser Mann, der sich als „weder Mönch noch Laie" betrachtete.

Shinran war einer der Schüler, die mit Honen 1207 in die Verbannung geschickt wurden. Im Exil lebte er unter einfachen Menschen, die eine eng verbundene Glaubensgemein-

---

[5] Tsunoda: *Sources of Japanese Religion*, S. 208.

schaft um ihn herum bildeten. Erst im Alter von ungefähr 60 Jahren kehrte er nach Kyoto zurück. Dort wendete er all seine Energie dafür auf, sein Hauptwerk, *Kyogyoshinsho* (*Lehre, Übung, Vertrauen und Zeugnis*), zu vollenden. Darüber hinaus verfasste er eine Vielzahl anderer religiöser Schriften, darunter auch einige Gesänge. Shinran starb 1262 im Alter von 89 Jahren.

Im *Tan'nisho*, einer Sammlung von Shinrans Aussprüchen und Bekenntnissen, wird seine Überzeugung deutlich: „Sogar der Gute wird erlöst, um wie viel mehr der Böse!" Seiner Ansicht nach waren es die reuigen Sünder, die ihr Leben voll und ganz der Gnade Amidas anvertrauten. Gute Menschen hingegen liefen Gefahr zu glauben, dass ihr Verhalten die Chancen einer Wiedergeburt im Paradies erhöhe.[6] Für einen guten Menschen ist es schwerer, sich von seinem vorbehaltlosen Selbstvertrauen loszusagen, während ein Sünder weiß, dass er so hilflos ist wie ein kleines Kind. Shinran lehnte es ab, sich in irgendeiner Weise auf seine „eigene Kraft" zu verlassen, worin sich seine Lehre von der seines Meisters Honen unterschied. Für Honen war die fortwährende Anrufung von Amidas Namen der Weg zur Erlösung. Shinran hingegen vertrat die Ansicht, dass „ein einmaliges aufrichtiges Anrufen" genüge, da das ständige Wiederholen ein Rückgriff auf die „eigene Kraft" sei. Er vereinfachte Honens Lehre radikal und erklärte, dass die Hingabe an Amida Buddha völlig ausreiche und dass Shakyamuni Buddha nichts weiter als ein Hilfsmittel sei, um Amida zu erreichen. Auch war er der Meinung, dass das einzige für die Erlösung wichtige *Sutra* das *Längere Sutra des Reinen Landes* (*Daimuryoju-kyo*) sei. Er untersagte seinen Anhängern, die *kami* zu verehren oder sich an die vom Kalender vorgegebenen Einschränkungen zu halten, da er diesen weitverbreiteten Brauch für abergläubisch hielt.

---

[6] Ibid, S. 210.

Shinrans Anhänger bildeten die unabhängige Sekte Jodo Shin-shu, die auch unter dem Namen Ikko-Schule bekannt ist. *Ikko* bedeutet soviel wie „unbeirrbar und unentwegt". Da es den Priestern erlaubt war zu heiraten, wurde die Führerschaft der Schule immer weiter vererbt. Heute sind die beiden Kyoter Tempel Nishi Honganji und Higashi Honganji die Haupttempel dieser Schule. Mit über 13 000 000 Gläubigen, das heißt 25 Prozent der buddhistischen Bevölkerung, ist sie die größte buddhistische Schule Japans.

Zen oder die Meditationsschule

Während sich die Schulen des Reinen Landes auf das Vertrauen in Amidas erlösende Gnade und auf die Praxis des *nenbutsu* konzentrieren, betonen die Zen-Schulen das individuelle Bemühen um spirituelle Erleuchtung (*satori*), das heißt das Nachahmen von Shakyamuni Buddhas Praxis der Sitzmeditation. Das japanische Wort „**Zen**", abgeleitet vom chinesischen „**Chan**", ist die phonetische Wiedergabe des Sanskrit-Ausdrucks „dhyāna", der „Konzentrationsmeditation" bedeutet.

Die Meditationsschule wurde um das Jahr 520 von Bodhidharma, einem indischen Mönch, in China eingeführt. Der Chan-Buddhismus entwickelte zahlreiche Zweige, von denen viele auch nach Japan gelangten. Zu den größten Zen-Schulen in Japan zählen Rinzai, Soto und **Obaku** (siehe Kapitel 6), aus denen sich wiederum zahlreiche Nebenzweige entwickelt haben. Heute sind es ungefähr zehn Prozent der buddhistischen Bevölkerung, die einer der Zen-Schulen angehören.

Allen Strömungen des Zen gemeinsam ist die Praxis der Sitzmeditation oder *zazen*. Der Meditierende sitzt aufrecht im Lotussitz, die Beine sind ineinander geschlagen, die Handfläche der linken Hand liegt auf der Handfläche der rechten Hand, wobei sich die Daumen leicht berühren. Der Blick ist auf den Boden gerichtet, man fokussiert einen ungefähr einen Meter entfernt liegenden Punkt und konzentriert sich auf die Ein- und Ausatmung. Da beim Meditieren die physische und die mentale Konzentration in Einklang gebracht werden, betrachten Zen-Meister *zazen* als eine Übung für Körper und Geist.

Das anfängliche Ziel des Meditierenden ist das „Erweckungserlebnis" (*kensho*), das den Ausgangspunkt für die „Erleuchtung" (*satori*) bildet. Das *satori*-Erlebnis kann in einem einzigen Moment stattfinden, manche nehmen es aber auch als ein allmähliches Erwachen wahr. Zen-Meister sehen das Erweckungserlebnis (*kensho*) oder das Erreichen des *satori* nicht als ultimatives Ziel der Meditation, sondern als Schlüssel zur wirklichen Übung. Für manche Meister führt auch das lebenslange Üben selbst zur Erleuchtung – eine Lehre, die vor allem für die Soto-Schule charakteristisch ist. Im Gegensatz dazu hält die Rinzai-Schule daran fest, den Prozess der Erweckung, *kensho*, zu beschleunigen, in dem der Schüler über ein Problem, ein sogenanntes *koan* (ursprünglich ein juristischer Fall), meditiert und es löst. Der Schüler „brütet" solange über dem *koan*, das er von seinem Meister erhalten hat, bis er eine Antwort darauf findet oder bis das *koan* sich von selbst löst und nicht länger ein Problem darstellt, über das nachgedacht werden muss. Die Beschäftigung mit einem *koan* dient dazu, die epistemologische Dichotomie von Subjekt und Objekt, von Körper und Geist, zu durchbrechen. Ein *koan* ist keine Frage im wörtlichen Sinn, sondern ein Instrument, das dem Schüler helfen soll, seine objektive Denkweise abzulegen und in seinen Gedanken die ursprüngliche Einheit von Subjekt und Objekt wiederherzustellen. Typische *koans*, die einem Novizen gestellt werden könnten, sind zum Beispiel Fragen wie „Hat ein Hund die Buddha-Natur?" oder „Wie klingt eine klatschende Hand?". Haben die Übenden die mentale Haltung, die sie durch das Nachdenken über ein *koan* erreicht haben, einmal verinnerlicht, ist ihr ganzes Tun, egal ob sie Sport treiben, kochen, spazieren gehen, lesen oder studieren, von dieser Haltung durchdrungen.

Die Grundhaltung des Zen kann in vier Zeilen zusammengefasst werden:

Kyoge betsuden
Furyu monji
Jikishi nin'shin
Kensho jobutsu

„Die wahre Lehre stützt sich nicht auf irgendwelche buddhistischen Schriften [sondern wird von Herz zu Herz weitergegeben]. Sie weist direkt auf das Herz des Menschen hin [das nichts anderes ist als die Buddha-Natur]: Wer sein eigenes Wesen schaut, ist ein Erwachter."

Esai und die Schule des Rinzai-Zen

Der Zweig des Rinzai-Zen wurde 1191 von Esai (auch Yosai genannt; 1141–1215) von China nach Japan gebracht. Esai erhielt seine Ordination im Alter von vierzehn Jahren auf dem Berg Hiei. Zeit seines Lebens wünschte er sich nichts sehnlicher, als einmal nach Indien zu pilgern, an den Ort, an dem der Buddhismus geboren worden war. Indien war jedoch zu weit entfernt, und so musste er sich mit China begnügen (zu dem Japan in ständiger Handelsbeziehung stand). Er unternahm zwei Reisen ins China der Sung-Dynastie, einmal 1158 und einmal 1187. Sein zweiter Aufenthalt dauerte vier Jahre. In dieser Zeit ließ er sich von Meister Xuan Huaichang (Kian Esho) im Tiantong-Kloster unterrichten. Sobald er nach China zurückgekehrt war, gründete er im Norden der Insel Kyushu zwei Zen-Tempel – Hoonji und Shofukuji. Esai brachte von seiner Reise nicht nur den Zen-Buddhismus mit, sondern auch einige Samen der Teepflanze. Er pries den Tee als „die wunderbarste Medizin, um die Gesundheit zu erhalten; er ist das Geheimnis eines langen Lebens".[7]

---

[7] Tsunoda, *Sources of Japanese Religion*, S. 244–46. In seinem Werk *Trink Tee und Verlängere Dein Leben (Kissa yojo-ki)* erklärte Eisai, dass Tee das Herz

Esai beabsichtigte, in Kyoto einen Zen-Tempel zu errichten. Dies wurde aber vom Kloster auf dem Berg Hiei strikt abgelehnt. Er versuchte, dem kaiserlichen Hof den Zen-Buddhismus näher zu bringen, indem er 1198 das Traktat *Die Verbreitung des Zen und der Schutz des Landes* (*Kozen gokokuron*) verfasste. Darin argumentierte er, dass die Lehre des Zen sich mit der wahren Natur des Bewusstseins (d. h. mit dem Geist) beschäftige, die grenzenlos sei und alle Dinge auf der Erde und im Himmel umfasse. Das Bewusstsein sei die wahre Manifestation des Universums selbst. Der Zen-Buddhismus lehre außerdem, wie man sein Ich „auslöscht". Man könne das wahre Wesen des Universums nicht erfassen, solange man nicht schlicht und rein sei. Den Zen-Buddhismus zu fördern hieße deshalb, die Selbstlosigkeit zu fördern. Esai war der Meinung, dass dies dem Schutz des Landes dienen und eine friedliche Gesellschaft hervorbringen würde.[8]

Im Jahr 1199 reiste Esai nach Kamakura, zum Sitz des neuen Shogunats. Dort erreichte er, dass Hojo Masako, die Witwe des verstorbenen Shogun Minamoto Yorimoto, den Zen-Buddhismus unter ihr Patronat stellte, und er den Zen-Tempel Jufukuji errichten konnte. Da das Kloster auf dem Berg Hiei die Praxis des Zen immer noch strikt ablehnte, eröffnete Esai Jufukuji als Tempel der Tendai-Schule. Seine engsten Schüler weihte er jedoch sorgfältig in die Lehren des Zen ein.

Nach und nach begannen Esais Bemühungen Früchte zu tragen, und der Zen-Buddhismus fasste in Japan langsam Fuß. Im Jahr 1202 bekam Esai vom Shogunat die Erlaubnis,

---

stärkt, und da ein gesundes Herz alle anderen Organe reguliert, „gibt man dem Körper seine volle Energie zurück und stärkt den Geist", wenn man viel Tee trinkt. Wissenschaftler vermuten heute, dass Grüntee zur Krebsvorbeugung beiträgt.

[8] Ibid, S. 242–43.

den Zen-Tempel Ken'ninji in Kyoto zu errichten. Dort bildete er auch den jungen Dogen aus. Dogen brachte seinem Meister große Bewunderung entgegen und bekundete seine Anerkennung in der *Fibel des Soto-Zen* (*Shobogenzo zuimonki*).[9]

Dogen und die Schule des Soto-Zen

Dogen (1200–53) wurde in die Familie eines bedeutenden Hofadligen hineingeboren. Im Alter von dreizehn Jahren erhielt er auf dem Berg Hiei seine Ordination. Im darauffolgenden Jahr verließ er das Kloster jedoch, um sich von Esai im Ken'ninji-Tempel unterrichten zu lassen. Als dieser ein Jahr später starb, setzte Dogen seine Studien unter Esais Nachfolger Myozen fort. Dogen und Myozen überquerten 1223 das Meer und reisten ins China der Sung-Dynastie. Dort schloss sich Dogen 1225 dem neuen Abt des Tiantong-Klosters, Rujing (Nyojyo auf Japanisch), als Schüler an. Myozen, der zu dieser Zeit schon sehr krank war, starb. Zwischen Rujing und Dogen entstand ein enges Lehrer-Schüler-Verhältnis und unter der Anleitung seines neuen Meisters erreichte Dogen die Erleuchtung.

Dogen kehrte 1228 mit Myozens Asche nach Japan zurück. Im Jahr 1233 gründete er den Tempel Koshoji in Uji. Da Rujing dem Caodong-Zweig (Soto auf Japanisch) angehörte, brachte Dogen diese Zen-Tradition mit in sein Heimatland, obwohl er nicht beabsichtigt hatte, eine neue Zen-Schule zu gründen. In den nächsten Jahren widmete er sich der Ausbildung seiner Schüler – darunter auch Nonnen und weibliche Laien – und verfasste das Werk *Allgemeine Richtlinien für Zazen* (*Fukan zazen-gi*). Zudem begann er, für seine Schüler Reden und Lehrschriften niederzuschreiben, die später unter dem Namen *Schatzkammer des wahren*

---

[9] Dogen: *A Primer of Soto Zen*. Ins Englische übertragen von R. Masunaga. Honolulu, The University Press of Hawaii, 1978, S. 27–28 et passim.

Dharma-Auges (*Shobogenzo*) zusammengefasst und bekannt wurden. Im Jahr 1243 ließ sich Dogen in der Provinz Echizen nieder, wo er tief in den Bergen das Kloster Eiheiji („Tempel des Ewigen Friedens“) gründete. Als sich sein Gesundheitszustand 1253 verschlechterte, kehrte er nach Koyoto zurück, wo er im Alter von 53 Jahren starb.

Während seiner Jugend beschäftigte sich Dogen besonders mit einer Frage: Wenn wir schon erleuchtet sind, so wie es der Tendai lehrt, welche Bedeutung haben dann die buddhistischen Übungen und warum sind sie überhaupt notwendig? Die Antwort auf seine Frage war: „Einfach nur sitzen“ (*shikan taza*). Man sitzt nicht um der Erleuchtung willen. *Zazen* hat keinen Nutzen und führt zu keinem Ziel, vielmehr ist es selbst das Ziel. Deshalb hielt Dogen den Gebrauch von *koans* nicht unbedingt für notwendig, viel wichtiger erschien es ihm, „einfach nur zu sitzen“. Beim und durch das Sitzen offenbart sich dem Meditierenden seine ursprüngliche Buddha-Natur und er erlangt so die Freiheit. Für Dogen war das Mönchsleben die nobelste aller Berufungen.

Besonders am Herzen lag Dogen die Vorstellung von Gautama Buddha, wie er in tiefer Meditation versunken unter dem bodhi-Baum saß. Für Dogen war die Sitzmeditation die direkte Verbindung zum Buddhismus in seiner ursprünglichen Form. Deshalb zog er es vor, seine Lehre als „Buppo“ (Buddhas Lehre) zu bezeichnen und nicht als „Zen“. Dogen war Purist und vermied es, Beziehungen mit den säkular-politischen Obrigkeiten einzugehen. Beispielsweise weigerte er sich, auf Bitte des Shogunats einen Zen-Tempel in Kamakura zu errichten.

Das Patronat des Zen durch das Kamakura-Shogunat

Die Hojo-Regenten in Kamakura stellten den Zen-Buddhismus unter ihr Patronat, da mit ihm auch die aufstrebende Kultur Chinas nach Japan gelangte. Scheinbar konnte das

Shogunat dadurch seinen kulturellen Status gegenüber dem des kaiserlichen Hofs in Kyoto verbessern.[10]

Hojo Tokiyori (Regierungszeit 1246–54), der einzige Regent, der selbst praktizierender Zen-Buddhist war, ließ sich von Gottan Funen (1197–1276), einem Meister aus China, unterrichten. Außerdem unterstützte er den Zen-Meister Rankei Doryu (1213–87), der 1246 aus China nach Japan gekommen war und 1253 das Kenchoji-Kloster in Kamakura gegründet hatte. Er gestaltete das Kloster nach jener Tradition, die während der Sung-Dynastie vorherrschte. Rankeis Ansehen war so groß, dass das Kloster bald schon 700 Mönche zählte, die sich dort ausbilden ließen. Rankeis Schüler Nanpo Shomyo, oder Daio, (1235–1308) unterrichtete Shuho Myocho, auch bekannt als Daito (1282–1337), der später den Daitokuji-Tempel gründete. Sowohl der ehemalige Kaiser Hanazono als auch Kaiser Godaigo wählten Daito zu ihrem spirituellen Lehrer. Daio und Daito unterrichteten Kanzan Egen (1277–1360), der den Myoshinji-Tempel in Kyoto gründete.[11] Heute ist der Zweig, der auf Rankei, Daio, Daito und Kanzan zurückgeht, einer der einflussreichsten des japanischen Rinzai-Zen.

Spätere Hojo-Regenten folgten Tokiyoris Beispiel und unterstützten den Zen-Buddhismus. Auf Einladung des Regenten hin emigrierten gegen Ende des dreizehnten Jahrhunderts einige angesehene Meister aus China nach Japan. Mugaku Sogen (1226–86) kam 1279 nach Japan und trat Rankeis Nachfolge als Abt des Kenchoji-Klosters an. Im Jahr 1282 gründete Maguko den Engakuji-Tempel in Kamakura. Außerdem unterrichtete er Koho Ken'nichi (1241–1316), den

---

[10] Diese Ansicht wird von Martin Collcutt vertreten. Zu chinesischen Chan-Meistern siehe auch Martin Collcutt: *Five Mountains, The Rinzai Zen Monastic Institution in Medieval Japan*. Cambridge (Mass.) und London, Harvard University Press, 1981.

[11] Daito gründete auch ein Nonnenkloster, Myokakuji, in dem Frauen Zen üben konnten. Heute existiert dieses Kloster nicht mehr.

Sohn des Kaisers Gosaga. Die Schule des Rinzai-Zen verdankt seine Entwicklung nicht zuletzt den chinesischen Chan-Meistern, die sich in Japan niedergelassen hatten.

Der Beginn der Fünf-Berge-Kultur

Für die Hojo-Regenten, die darauf bedacht waren, die Entwicklung der Kultur voranzutreiben, waren die über den Zen-Buddhismus nach Japan gelangten Elemente der chinesischen Kultur von großem Interesse. Der Regent Hojo Sadatoki (Regierungszeit 1284–1303) bestimmte fünf Zen-Tempel in Kamakura und fünf in Kyoto zu kulturellen Zentren, die er unter seine Schutzherrschaft stellte. Verschiedene Formen der Literatur, darunter chinesische Lyrik, sowie Kalligraphie und Tuschemalerei florierten in diesen Tempeln. Während der Muromachi-Periode, die auf die Kamakura-Periode folgte, wurden sie zu den Zentren des „**Fünf-Berge-Systems**" (Fünf-Tempel-System). Viele bedeutende chinesische Meister, vor allem Issan Ichinei (1247–1317), waren an der Entwicklung der klösterlichen Zen-Kultur in Japan beteiligt. Issan besaß fundierte Kenntnisse über den Neokonfuzianismus, die chinesische Literatur und deren Klassiker. Zudem war er ein ausgezeichneter Kalligraph und Kenner der chinesischen Malerei. Kaiser Gouda (Regierungszeit 1303–08) ernannte ihn zum Abt des Nanzenji-Tempels in Kyoto und ließ sich von ihm im Zen unterrichten.

Nichiren und die Lotus-Schule

Wie viele andere religiöse Führer der Kamakura-Periode wurde auch Nichiren (1222–82) auf dem Berg Hiei ausgebildet. Dort lernte er die Lehre Saichos kennen, die ihn sehr beeindruckte. Er gelangte zu der Überzeugung, dass allein das *Lotus-Sutra* die ursprüngliche Lehre Shakyamuni Buddhas beinhalte. Nachdem er seine zwölfjährige Ausbildung beendet hatte, zog er 1253 nach Kamakura, in die Nähe seines Geburtsortes. Ungefähr zu dieser Zeit nahm er den Namen Nichiren an. In chinesischer Schrift setzt sich der Name aus den Schriftzeichen für „Sonne“ und „Lotus“ zusammen. Durch die Wahl dieses Namens drückte Nichiren seine tiefe Liebe zu Japan („Japan“ setzt sich in chinesischer Schrift aus den Zeichen für „Sonne“ und „Quelle“ zusammen) und seine große Begeisterung für das *Lotus-Sutra* aus. Nichiren war ein charismatischer Prediger und bald schon hatte er zahlreiche Anhänger, darunter viele Grundbesitzer und deren Frauen.

Im Jahr 1257 wurde Kamakura von einem verheerenden Erdbeben heimgesucht. Sintflutartige Regenfälle, Überschwemmungen, Gewitterstürme, Waldbrände in den Bergen und andere Katastrophen folgten in kurzen Abständen und setzten den Einwohnern der Stadt schwer zu. Viele Menschen verhungerten oder starben an den Pocken. Zuvor, im Jahr 1221, hatte der Kaiser versucht, dem Shogunat durch eine Rebellion die Macht zu entziehen. Der Aufstand wurde jedoch niedergeschlagen und der Kaiser abgesetzt. Für Nichiren waren diese Ereignisse Anzeichen tiefgreifenderer Probleme. Er kam zu dem Schluss, dass die Ursache des sozialen Sittenverfalls und der nicht enden wollenden Naturkatastrophen darin lag, dass die Menschen immer seltener und weniger ernsthaft versuchten, die im *Lotus-Sutra* beschriebenen Bodhisattva-Ideale der Beharrlichkeit und Selbstaufopferung zu verwirklichen. Soziale und politische Probleme schrieb er vor allem der von der Schule des Reinen Landes verbreiteten Praxis des *nenbutsu* zu.

Im Jahr 1260 verfasste Nichiren die Mahnschrift *Über die Sicherung des Friedens im Lande durch die Verbreitung des Wahren Gesetzes* (*Rissho ankoku-ron*) und legte sie dem Kaiser vor. Zudem drängte er ihn, die Schule des Reinen Landes zu verbieten. Nichiren prophezeite dem Kaiser, dass das Land so lange unter innenpolitischen Unruhen und Invasionen zu leiden hätte, bis es nach den Lehren des *Lotus-Sutra* regiert würde. Seine scharfe Attacke gegen die Schulen des Reinen Landes verärgerte einige hochgestellte Beamte des Shogunats, die ihn daraufhin nach Ito auf der Halbinsel Izu verbannten. Dort verbrachte er zwei Jahre im Exil.

Im Jahr 1268 schickten die Mongolen eine Gesandtschaft nach Japan, die den Kaiser dazu aufforderte, sich zu unterwerfen. Dieser Vorfall überzeugte Nichiren davon, dass sich seine Prophezeiungen bewahrheiten sollten. Besorgt schickte er weitere Briefe an die Machthabenden Japans, um sie an seine Warnungen zu erinnern. In seinem Brief an Rankai Doryu, einen Meister des Rinzai-Zen, griff Nichiren andere religiöse Schulen an (mit Ausnahme der Tendai-Schule): „Die Praxis des *nenbutsu* wird das Land in die ewige Hölle führen; Zen ist das Machwerk der Teufel; Shingon verbreitet die üble Lehre, die das Land ins Verderben stürzt; die Anhänger des *Vinaya* [die alten Nara-Schulen] sind die Lügner, die Verbrecher der Nation.“ Seine wütenden Anschuldigungen führten dazu, dass er 1271 erneut verbannt wurde, dieses Mal auf die nordwestlich von Japan gelegene Insel Sado. Nichiren sah sich selbst als Märtyrer und kam zu der Überzeugung, dass jegliches Leiden, das er zu ertragen hatte, die Strafe für Missetaten in seinen früheren Leben war. Während seines Exils auf der Insel Sado verfasste er das Traktat *Über das Augenöffnen* (*Kaimokusho*), in dem er seine Mission darlegte, nämlich „die Lehre des *Lotus-Sutra* aufrechtzuerhalten“ und „die Säule Japans, das Auge Japans und das große Schiff Japans [das das Volk retten wird]“ zu werden. Damit gründete Nichiren die *Hokke-* oder Lotus-Schule, die auch als *Nichiren*-Schule bekannt ist. Anstelle des *nenbutsu* lehrte er die Anrufung „Gelobt seien die Wunderbaren Lehren des *Lotus-Sutra*“ oder „Namu Myoho-rengekyo“.

Im Jahr 1274 wurde Nichiren begnadigt und kehrte im März nach Kamakura zurück. Als er feststellte, dass seine Warnungen bei den Autoritäten des Shogunats kein Gehör gefunden hatten, zog er sich im Mai als Eremit auf den Berg

Minobu zurück. Im Oktober desselben Jahres fiel eine 25 000 Mann starke mongolische Armee auf der Insel Kyushu ein, sie wurde allerdings von einem Taifun zerschlagen. 1281 fand eine zweite mongolische Invasion statt, die Truppen wurden jedoch abermals von einem Taifun an ihrem Vorhaben gehindert. Zu dieser Zeit war Nichiren schon sehr schwach. Im Kreise seiner engsten Schüler und Gefolgsleute starb er am 13. Oktober 1282.

Ippen und die Ji-Schule

Ippen (1239–89), ein weiterer buddhistischer Prediger, wurde in eine wohlhabende Familie hineingeboren, die durch Piraterie zu Reichtum gelangt war. Im Alter von dreizehn Jahren wurde er Novize und begann seinen Unterricht bei Shodatsu, einem Meister der Schule des Reinen Landes, auf Kyushu. Als sein Vater starb, sah sich Ippen gezwungen, wieder ins weltliche Leben zurückzukehren und seinen familiären Verpflichtungen nachzukommen. Er heiratete und führte das Leben eines Familienoberhauptes. Schließlich gewann aber sein religiöser Drang die Oberhand. Im Jahr 1271 pilgerte er nach Zenkoji, einer beliebten Pilgerstätte der Anhänger des Reinen Landes. Zwei Jahre später unternahm er eine weitere Pilgerreise zum Berg Kumano.

Während seiner Zeit in Kumano erhielt er im Traum einen Orakelspruch von Kumano Gongen, einer *kami*-Gottheit und Manifestation der Buddha-Natur. Der Gott befahl ihm, als Missionar tätig zu werden. Ippen gab seine Familie und deren Vermögen auf, wurde zum Wanderprediger und zog zu Fuß durchs ganze Land. Wohin er auch kam, überreichte er den Menschen den „Beweis der Errettung“. Dies war ein Stück Papier, auf das Ippen in chinesischen Schriftzeichen Folgendes geschrieben hatte: „Namu Amida-butsu, Sechshunderttausend Menschen werden mit Sicherheit [in Amidas Paradies] Wiedergeboren werden.“

Innerhalb kurzer Zeit hatte Ippen eine Anzahl von Schülern um sich geschart, und bald schon konvertierten Massen von Menschen zu seinem Glauben. Seine immer zahlreicher werdenden Anhänger bildeten die „Stunden-Schule" oder *Ji-Shu*. Ippen erweiterte die Praxis des *nenbutsu* um gesangliche und tänzerische Elemente. Dieser „Tanz-*nenbutsu*" wurde zum Markenzeichen der Ji-Sekte. Bis zum Ende seines Lebens ließ sich Ippen nie länger an einem Ort nieder. Am 23. August 1289 starb er im Alter von 51 Jahren.

Ippens Motivation waren seine intensive Wahrnehmung der Transzendenz des Lebens und sein Wunsch, den Menschen die Angst vor dem Tod zu nehmen. Kuya, der die Praxis des *nenbutsu* im zehnten Jahrhundert als Wandermönch verbreitet hatte, war eines von Ippens Vorbildern. Sein wichtigstes Vorbild aber war Shakyamuni Buddha, der sich von allem abgekehrt und das Leben eines Wanderpredigers geführt hatte. „Abkehr" bedeutete für Ippen aber viel mehr als nur den Verzicht auf alle weltlichen Güter, sondern war letztendlich die Aufgabe des Hochmuts und der egozentrischen Betrachtungsweise des Lebens.[12]

Da Ippen kein Interesse daran hatte, eine organisierte Schule oder ein Kloster zu gründen, fehlte der Ji-Schule die institutionelle Basis, um wirklich einflussreich werden zu können. Trotzdem hat die Schule bis heute überdauert. Ihre Haupttempel, Shojokoji, steht in Fujisawa in der Präfektur Kanagawa.

---

[12] Ohashi Shun'no (Hrsg.): *Ippen shonin goroku (Die Aufzeichnungen des Heiligen Ippen)*. Tokyo, Iwanami Shoten, 1985.

5
Das Mittelalter

Die wechselseitige Beziehung zwischen Shinto und Buddhismus und die Verschmelzung beider Traditionen

Zeitweise standen sich Shinto und Buddhismus wohlwollend gegenüber, zum Teil war ihr Verhältnis aber auch feindselig.

Ab der Mitte der Heian-Periode waren die beiden Traditionen weitgehend miteinander verschmolzen – ein Phänomen, das als ***shinbutsu shugo*** bekannt ist (wörtlich, das Überlappen von Shinto und Buddhismus). Dies war größtenteils darauf zurückzuführen, dass die Tendai- und die Shingon-Schulen zu dieser Zeit schon fest etabliert waren und damit begonnen hatten, Shinto-Gottheiten für sich zu vereinnahmen und in ihren Heiligtümern zu verehren.

Wie wir gesehen haben, stieß der Buddhismus anfangs auf massive Gegenwehr vonseiten derer, die am Shinto festhielten, aber bald schon fasste der Buddhismus auch in Japan Fuß. Während der Nara-Periode glaubte man, dass shintoistische *kami*-Gottheiten die buddhistische Lehre (*dharma*) beschützen würden. Als Dank für seine Unterstützung bei der erfolgreichen Fertigstellung des großen buddhistischen Todaji-Tempels in Nara, verlieh man beispielsweise dem *kami* Hachiman, der im Usa-Schrein in Kyushu verehrt wird, 746 den Titel „Bodhisattva“ (*Bosatsu*). Ungefähr zu dieser Zeit wurden die von den einflussreichen Klans verehrten *kami* in das buddhistische Glaubenssystem integriert.

Die Buddhisten in Indien sahen die Götter des indischen Volksglaubens (*devas*) als nicht vollständig erleuchtete Wesen an, die deshalb im Kreislauf der Wiedergeburt, dem *samsara*, gefangen waren. Da sich die *devas* in der Welt nur eine Stufe über den Menschen befanden, liefen sie Gefahr, auf die Erde herabzufallen – im Gegensatz zu den vollständig erleuchteten Weltenherrschern und Buddhas, denen ewige Glückseligkeit gewiss war. Entsprechend verbreitete sich in Japan der Glaube, dass die Shinto-Götter ihr Los verbessern könnten, indem sie im Buddhismus Zuflucht suchten. Auf dem Gelände der Shinto-Schreine wurden „Schrein-Tempel", oder *jinguji*, eingerichtet, damit sich die *kami* buddhistischen Übungen unterziehen und so die Buddhaschaft erlangen konnten. Viele der Shinto-Gottheiten wurden während der Nara- und der frühen Heian-Periode zum Buddhismus „bekehrt".

Sowohl Saicho, der Begründer der Tendai-Schule, als auch Kukai, der Begründer der Shingon-Schule, brachten den einheimischen *kami*-Geistern großen Respekt entgegen. Saicho ernannte die alte Gottheit Ooyamagui zum Schutzherrn des Bergs Hiei und machte den Hie-Schrein (heute bekannt als Hiyoshi Taishi) in Sakamoto, in den östlichen Ausläufern des Hiei, zu seinem Sitz. (Der Berg Hiei wurde übrigens nach dem Hie-Schrein benannt.) Kukai hingegen verehrte die Göttin Niutsu, ihren Sohn Kariba und über hundert andere *kami*-Gottheiten aus der Gegend um den Koya als Beschützer des Berges. In einer Legende heißt es, dass der *myojin* Kariba, der Geist des Koya, Kukai seine zwei Begleithunde „Shiro" („Weiß") und „Kuro" („Schwarz") zur Verfügung stellte, um ihm bei der Suche nach dem vorherbestimmten Ort für das Kloster zu helfen. Um diesen *kami* seine Ehre zu erweisen, errichtete Kukai eigens den *Miyashiro*-Schrein im Herzen des Klostergeländes auf dem Berg Koya.

Die Theorie der „Essenz-Manifestation"

Ein weiterer Versuch, Shinto und Buddhismus miteinander zu verknüpfen, war die Theorie der „**Essenz-Manifestation**" oder *honji-suijaku*, die sich im elften Jahrhundert entwickelte.[1] Nach dieser Theorie waren die *kami* Manifestationen der Buddha-Essenz. Den *kami* des heiligen Bergs Kumano nannte man zum Beispiel „Gongen", was soviel bedeutet wie „vorübergehende Manifestation der Buddha-Essenz in der Gestalt eines *kami*". (Übrigens war dies der Kumano Gongen, der Ippen im Traum erschien und ihm einen Orakelspruch übermittelte [siehe Kapitel 4]). Nach und nach wurden die *kami* bestimmten Buddhas oder Bodhisattvas zugeordnet. Die Sonnengöttin Amaterasu wurde beispielsweise als Manifestation des Sonnen-Buddhas Mahavairochana angesehen, den Gott Hachiman betrachtete man als Manifestation des Amida Buddha und die Göttin des Itsukushima-Schreins, des Hauptschreins des Taira- oder Heike-Klans, als Manifestation von Kannon.[2] Jede *kami*-Gottheit hatte nun einen entsprechenden buddhistischen „Ursprung". Unter dem Einfluss des Buddhismus entstanden Bildnisse der *kami*, die nach dem Vorbild von Buddha- und Bodhisattva-Statuen gefertigt waren und in den Shinto-Schreinen verehrt wurden.

Das herausragendste Beispiel für die Vermischung von Buddhismus und Shinto war der Ryobu Shinto. „Ryobu" bedeutet „zweifach", „doppelt" oder „dual" und verweist in diesem Zusammenhang auf das Verhältnis zwischen dem Mutterleib- und dem Diamant-Mandala in der Weltsicht des Shingon-Buddhismus. Im Ryobu Shinto wurde der Mahavairochana der Shingon-Lehre mit Izanagi und Izanami (siehe Kapitel 2) assoziiert. Außerdem betrachtete man den Inneren Schrein von Ise

---

[1] Diese Teorie kann bis nach Indien und China zurückverfolgt werden. Tsunoda: *Sources of Japanese Tradition*, S. 269.
[2] Ibid, S. 270.

als Entsprechung zum Mutterleib-Mandala und den Äußeren Schrein als Entsprechung zum Diamant-Mandala.[3]

Der spirituelle Eifer der Kamakura-Periode (siehe Kapitel 4) brachte nicht nur neue buddhistische Schulen hervor, sondern verhalf auch dem Shinto zu einem Aufschwung. Seine Anhänger verkündeten nun die „umgekehrte Theorie der Essenz-Manifestation". Sie stellten die Shinto-Gottheiten über die Buddhas und Bodhisattvas und behaupteten, die *kami* seien die wahre Essenz, während die Buddhas und Bodhisattvas nur vorübergehende Manifestationen der *kami*-Essenz seien. Diese „Machtverschiebung" zwischen Buddhismus und Shinto markierte den Anfang einer Zeit, in der man sich verstärkt darum bemühte, Shinto-Lehren zu formulieren und zu systematisieren.

Der Kaiser als lebender Kami

Ab der Mitte des siebten Jahrhunderts stieg der Status des Shinto, da ihn sowohl Kaiser Tenmu (Regierungszeit 673–86) als auch Kaiserin Jito (Regierungszeit 686–97) unter ihre Schutzherrschaft stellten. Es war Kaiser Tenmu, der die Aufzeichnung der frühen japanischen Geschichte anordnete und so für die Entstehung des *Kojiki* (712) und des *Nihongi* (720) verantwortlich war. Außerdem stellte er die größeren Schreine unter kaiserliches Protektorat und stattete dem Ise-Schrein, als dem Schrein seiner Ahnen, 674 persönlich einen Besuch ab.

Zu dieser Zeit machte man den religiös-ideologischen Versuch, das Kaisergeschlecht als die Nachfahren der Göttin Amaterasu zu etablieren. Eine Verbindung zwischen dem regierenden Kaiser oder der Kaiserin und Amaterasu war schnell gefunden, da man den Königen und Königinnen des Altertums oftmals schamanistische Kräfte nachsagte und sie als Hohepriester und -priesterinnen fungierten. Sowohl Kai-

---

[3] Ibid, S. 269–70.

ser Tenmu als auch Kaiserin Jito wurden von den Hofdichtern als lebende *kami* beschrieben. Diese Verbindung zwischen der Kaiserfamilie und der Shinto-Mythologie sollte zur Schlüsselideologie des japanischen Nationalismus werden und ist als solche heute für viele Japaner ein heikles Thema (siehe Kapitel 7 und 8).

Ein von den Göttern beschütztes Land

Das Selbstbewusstsein der Shinto-Anhänger wurde durch den Sieg der Japaner über die einfallenden mongolischen Truppen in den Jahren 1274 und 1281 erheblich gesteigert. Beide Male kamen den Japanern Taifune zu Hilfe, die die Schiffe der angreifenden Truppen innerhalb kurzer Zeit versenkten und viele der Krieger töteten. Man begann zu glauben, dass Japan von den *kami* beschützt werde, die göttliche Winde (*shinpu* oder *kamikaze*) schickten, wann immer dem Land eine nationale Krise drohte. Von da an verkündete der Kaiser jedes Mal, wenn er sein Land von feindlichen Mächten bedroht sah, dass „Japan das Land der *kami*" sei.

Während der Muromachi-Periode fand der Glaube, dass Japan ein von den Göttern beschütztes Land sei, weite Verbreitung. Die Grundlage dafür war die Erzählung, dass die Geschlechterfolge der Kaiser seit dem „Zeitalter der Götter" niemals unterbrochen worden sei. Diese Ansicht wurde vor allem von Kitabatake Chikafasu (1293–1354) postuliert, einem ausgebildeten Krieger, der während der Zeit, in der Japan von zwei Kaisern regiert wurde (1236–92), ein überzeugter Anhänger des südlichen Hofes war. In seinen *Aufzeichnungen über die rechtmäßige Erbfolge der göttlichen Herrscher* (*Jin'no shotoki*, 1339) erklärt er: „Japan ist das göttliche Land [*shinkoku*]. Die himmlische Ahnherrin [d. h. die Gottheit Kunitokotachi] war es, die das Land gründete, und die Sonnengöttin machte ihre Nachfahren für immer und ewig zu seinen Herrschern. Dies gilt nur für unser Land und ist so in keinem andern Land zu finden."[4] Kitabatake bediente sich der konfuzianischen Lehre, um die moralischen Tugenden der drei Reichsinsignien – die Symbole der kaiserlichen Macht – zu beschreiben: der Spiegel stand für Ehrlichkeit, der Juwel für Mitgefühl (durch das man in den unterschiedlichsten Bereichen Einfluss ausüben kann) und das Schwert für Mut (den man benötigt, um Entscheidungen zu treffen). Kitabatakes Versuch, die shintoistischen Symbole systematisch zu erklären, trieb die Entwicklung einer eigenständigen Shinto-Theologie weiter voran.

Die Entstehung shintoistischer Schriften

Die Werke des Shinto-Priesters Watarai Yukitada (1236–1305), der im Äußeren Schrein von Ise diente, bildeten die schriftliche Grundlage für Kitabatakes Behauptung. In seinen Werken beschrieb Yukitada zahlreiche Facetten der Shinto-Tradition und des Shinto-Symbolismus, wie zum Beispiel die Geschichte des *sengu* (siehe Kapitel 2) oder die Bedeutung des immergrünen *sakaki* (im Shinto ist der *sakaki* ein heiliger Baum, da er für etwas steht, das unabhängig von der Jahreszeit gänzlich von der kosmischen Energie durchdrungen ist und unter dem Segen der *kami* steht [5]).

Yoshida Kanetomo (1435–1511), der Oberpriester des Yoshida-Schreins in Kyoto, führte Watarais Arbeit fort. Anhand der „umgekehrten Theorie der Essenz-Manifestation" erklärte er, dass der Shinto dem Buddhismus überlegen sei. Yoshida benutzte einen Baum als Metapher, um das Verhältnis von Shinto, Konfuzianismus und Buddhismus zu erläu-

---

[4] Ibid, S. 274.

[5] „Zo Ise nisho daijingu hoki hongi" („Ein kostbarer Bericht über die Erschaffung der zwei großartigen Schreine von Ise"), in Ishida Ichiro (Hrsg.): *Shinto shiso-shu* (*Sammlung von Werken über das shintoistische Gedankengut*). Tokyo, Chikuma Shobo, 1970, S. 107–32.

tern: Shinto sei die Wurzel und der Stamm aller Wahrheit, Konfuzianismus die Zweige und Blätter und Buddhismus die Früchte des Baumes. Er erklärte, dass es zusätzlich zu den shintoistischen Strömungen, die sich mit dem Buddhismus vermischt hatten oder die mit der Weltanschauung des esoterischen Buddhismus verknüpft waren, eine reine, unverfälschte Form des Shinto gebe – eine Art „Ur"-Shinto, der frei sei von den Einflüssen des Konfuzianismus, Buddhismus und Daoismus.[6] Watarais und Yoshidas Werke waren die frühen Versuche, den Shinto vom Joch des Buddhismus zu befreien und seine Unabhängigkeit zu sichern.

Die Entstehung der Volksfrömmigkeit

Der Umstand, dass der Shinto nun als eigenständige Religion betrachtet wurde, verhalf den Schreinen während der Muromachi-Periode zu steigenden Anhängerzahlen. Im Tausch für die Verehrung der *kami* versprachen die Shinto-Priester den Menschen Gesundheit und ein langes Leben, den Kriegern Glück im Kampf, den Kaufleuten gute Geschäfte, den Bauern reiche Ernten und den Fischern gute Fänge. Die Betonung lag auf dem „Nutzen hier und jetzt" (*genze riyaku*). Diese Vorstellung gefiel den Menschen und der Volksglaube an die Glücksgötter (*fukujin*) verbreitete sich rasch. Besonders beliebt waren die Götter Ebisu (der Gott des Fischfangs und des Handels), Daikoku (der Gott des Reichtums, eine Art japanischer „Weihnachtsmann") und Bishamon (der Gott des Reichtums und der Macht). Viele dieser Götter werden auch heute noch von Fischern, Bauern und Geschäftsleuten verehrt. Im Geiste des „Nutzen hier und jetzt" wurden Pilgerreisen zum Ise-Schrein als besonders verdienstvoll betrachtet.[7]

---

6 Ishida: *Shinto-shiso-shu*, S. 40, 108 und 134.

7 Okada Akio et al: *Nihon no rekishi* (*Die Geschichte Japans*).Tokyo, Yomiuri Shinbunsha, 1959, 6: S. 184–85.

Die Entwicklung der Schulen des Kamakura-Buddhismus

Buddhistische Schulen im Kriegszustand

Während der Sengoku-Periode, als das ganze Land in Territorien unterteilt war, die von Kriegsherren beherrscht wurden, bauten die Wahre Schule des Reinen Landes und die Nichiren-Schule ihre eigenen religiösen Milizen auf. Die Wahre Schule des Reinen Landes fand in Ren'nyo (1415–99) einen genialen Organisator, der einen soliden Grundstein für die weitere Entwicklung der Schule legte. Seine Anhänger beanspruchten ein eigenes Territorium für sich, das als „Ikko Ikki" (Bauernrevolte der Anhänger der Wahren Schule des Reinen Landes) bekannt wurde. Es bestand von 1488 bis 1580 und verteidigte sich selbst durch eine eigene Armee. Auch Nichirens Anhänger rühmten sich ihrer willensstarken Führer. Einer von ihnen war Nichijo (1298–1369), der blutsverwandt war mit dem ersten Ashikaga-Shogun Takauji und das begehrte Amt des kaiserlichen Hofpredigers innehatte. Viele Zweige der Nichiren-Schule fanden großen Zulauf und ihre Anhänger bildeten als Reaktion auf den Onin-Krieg (1467–77) eigene militärische Einheiten aus.

Die Wahre Schule des Reinen Landes und die Nichiren-Schule kamen aufgrund ihrer Lehren oft in Konflikt mit den älteren Einrichtungen auf dem Berg Hiei und mit den Tempeln in Nara, für die das schnelle Wachstum der neuen Schulen ein Dorn im Auge war. Zu jener Zeit hatten auch die älteren Klöster und Tempel ihre eigenen bewaffneten Einheiten, die sich aus militärisch ausgebildeten „Mönch-Soldaten" (*sohei*) zusammensetzten. Sowohl die alten als auch die neuen Schulen schlossen Bündnisse mit den Kriegsherren, die die Tempel ihres jeweiligen Glaubens unterstützten und die Krieger der Schulen für ihre eigenen Zwecke nutzten.

Aufgrund ihrer aggressiven Art der Missionierung machte

sich die Nichiren-Schule bei den anderen Schulen sehr unbeliebt. Beispielsweise wurde das Shogunat 1469 von der Tendai-Schule dazu gedrängt, sämtliche Mitglieder der verschiedenen Nichiren-Schulen aus Kyoto zu vertreiben, und ein Jahr später begann der Konfukuji-Tempel in Nara, die Anhänger Nichirens anzugreifen. Als die Förderer der Nichiren-Schule 1536 öffentlich einen Mönch der Tendai-Schule erniedrigten, der einen Vortrag über die Lehre des *Lotus-Sutra* hielt, zog das Kloster auf dem Berg Hiei seine Verbündeten zusammen, mobilisierte eine 60 000 Mann starke Armee und griff die Tempel der Nichiren-Schule in Kyoto an. Unterstützt von ihren verbündeten Kriegsherren verteidigte die Nichiren-Schule ihre Tempel mit 20 000 Mann. Nachdem sich die Truppen ungefähr eine Woche lang erbitterte Kämpfe geliefert hatten, waren sämtliche Tempel in Kyoto dem Erdboden gleichgemacht. Das Shogunat verbannte alle Nichiren-Priester aus der Stadt. Sechs Jahre später wurde die Verbannung jedoch wieder aufgehoben, nachdem die Mitglieder der Nichiren-Schule eine Petition eingereicht hatten.[8]

Lehrdebatten

Nicht alle Auseinandersetzungen zwischen den Schulen waren gewaltsam, und das oben angeführte Beispiel bildete eher eine Ausnahme. Lehrdebatten (*shuron*) waren schon lange Zeit vorher ein fester Bestandteil der buddhistischen Tradition. Zum Beispiel hatte schon Saicho seinerzeit Debatten mit einem Gelehrten der Nara-Schule geführt. Während des vierzehnten und fünfzehnten Jahrhunderts fanden regelmäßig Debatten zwischen den neuen buddhistischen Schulen statt, und üblicherweise waren immer Anhänger der Nichiren-Schule an ihnen beteiligt. Die Tatsache, dass diese Debatten sehr ernste Angelegenheiten waren, in de-

---

[8] Ibid, 6: S. 180–84.

nen die Disputanten ihr Leben und die Schulen ihre Ehre aufs Spiel setzten, war vielleicht genau der Grund dafür, dass sie vom Volk gerne als Stoff für Satiren verwendet wurden. Ein *kyogen*-Stück mit dem Titel *Lehrdebatte* (*Shuron*) entlarvt, wie lächerlich die kleinlichen Rivalitätskämpfe zwischen den Schulen in Wirklichkeit waren. (*Kyogen* ist ein Theatergenre, das bekannt ist für seine demokratische, geistreiche und komische Auseinandersetzung mit den sozialen Konflikten des Mittelalters. Oft wurden die Stücke als eine Art erheiternde Auflockerung zwischen ernsten und düsteren noh-Stücken aufgeführt.) Das Theaterstück wurde im vierzehnten Jahrhundert verfasst und wird auch heute noch gerne zur Aufführung gebracht. Es handelt von Folgendem:

Ein Nichiren-Priester ist auf dem Heimweg von Kyoto zum Berg Minobu, nachdem er dem Tempel, in dem Nichiren sein letztes Jahr verbrachte, einen Besuch abgestattet hat. Er rezitiert das *mantra* „Namu Myoho-rengekyo" („Gelobt sei das Wunderbare *Lotus-Sutra*"). Ein Priester des Reinen Landes tritt auf die Bühne und rezitiert „Namu Amida-butsu". Er kehrt gerade von einer Pilgerreise zum Zenkoji-Tempel zurück und ist auf dem Heimweg nach Kyoto. Die beiden haben denselben Weg und fangen an, sich freundlich miteinander zu unterhalten. Sobald den beiden jedoch klar wird, dass sie rivalisierenden Schulen angehören, gehen sie getrennter Wege.

Als die Dämmerung hereinbricht, kommt einer der Priester zu einer Herberge und beschließt, dort zu übernachten. Der andere Priester kommt zur selben Herberge, und als der Wirt sieht, dass auch er ein Priester auf Pilgerreise ist, weist er ihm dasselbe Zimmer wie dem ersten zu. Die beiden fangen an, sich zu beschimpfen (wenn auch nicht richtig boshaft, sondern mit lustigen Wortspielen), verpönen die Lehre des anderen und versuchen, sich gegenseitig zu bekehren. Schließlich werden sie müde und gehen zu Bett. Kaum ist der Nichiren-Priester eingeschlafen, steht der Priester des Reinen Landes auf, beginnt seine morgendliche *nenbutsu*-Übung und brüllt dem Nichiren-Priester „Namu Amida-butsu" ins Ohr. Daraufhin steht auch dieser auf, um seine eigene morgendliche Übung zu absolvieren, und brüllt dem Priester des Reinen Landes das *mantra* „Namu Myoho-rengekyo" ins Ohr. Aufgebracht nehmen beide ihre breitkrempigen Hüte ab, klopfen darauf, um den Takt zu halten, und fangen an zu tanzen, während sie ihre heiligen *mantras* rezitieren. Auf dem Höhepunkt ihrer Ekstase verwechseln sie ihre *mantras*: der Nichiren-Priester fängt an, „Namu Amida-butsu" zu brüllen, während der Priester des Reinen Landes „Namu Myoho-rengekyo" schreit. Als den beiden bewusst wird, was geschehen ist, verstummen sie. Dann fangen sie wieder an zu tanzen und singen gemeinsam: „Das *Lotus-Sutra* und Amida Buddha bringen beide Segen über alle fühlenden Wesen. Egal, ob *Lotus* oder Amida, es gibt keinen Unterschied zwischen den beiden. Von nun an sollen wir „Myo-Amida-Butsu" (der Wunderbare Lotus-Amida Buddha) heißen." Die beiden Priester beenden ihren Tanz und verlassen, gefolgt vom Herbergsvater, die Bühne.[9]

Es ist bemerkenswert, dass selbst blutige religiöse Konflikte zur Erheiterung und Unterhaltung der Zuschauer dienen konnten. Diese unbeschwerte Einstellung zur Religion war in Japan schon immer präsent. Sei Shonagon, eine Dame am Heian-Hof, schrieb einst etwas frivol: „Ein Prediger sollte ein gutaussehendes Gesicht haben; denn wenn man ihn ansehen kann, richtet man seine Aufmerksamkeit auf ihn und empfindet besser die erhabene Heiligkeit dessen, was er sagt. Blickt man woanders hin, ohne daß man es will, so vergißt man zuzuhören, und wenn daher der Priester

[9] „Shuron", wurde dem Priester Gen'e zugeordnet. Abgedruckt in Kitagawa Tadahiko und Yasuda Akiro (Hrsg.): *Kyogen-shu (Gesammelte Kyogen-Stükke)*. Tokyo, Shogakukan, 1972, S. 418–39.

häßlich ist, lebt man in ständiger Furcht, die Strafe des Himmels zu verdienen."[10]

Die Entwicklung der Zen-Schulen und die vom Zen beeinflussten Künste

Während der Muromachi-Periode hatten der Rinzai-Zen und der Soto-Zen großen Einfluss auf das kulturelle Leben in Japan. Die fünf Zen-Tempel in Kamakura und die fünf Tempel in Kyoto – die das vom Hojo-Regenten des Kamakura-Shogunats eingeführte „Fünf-Berge-System" bildeten – wurden mehr und mehr zum Zentrum kultureller Aktivitäten. Obwohl anfänglich auch Soto-Meister beteiligt waren, erlangte die Rinzai-Schule größere Bedeutung, da die Tempel des Fünf-Berg-Systems zu ihr gehörten. (Vielleicht ist es aber auch falsch, überhaupt einen Unterschied zwischen Rinzai und Soto zu machen, wenn man vom Einfluss des Zen auf die japanische Kultur spricht.)

Das ästhetische Verständnis des Zen – schlicht, detailfreudig und minimalistisch zugleich – fand Ausdruck in vielfätigen Kunstformen: Tuschezeichnen (*suibokuga*), Lyrik (auf Chinesisch), Kalligraphie, Architektur, Gartengestaltung, die Teezeremonie, Blumensteckkunst und das noh-Theater. Wie die Hojo-Regenten vor ihm, nahm auch der Shogun Ashikaga Takauji den Zen-Buddhismus bereitwillig an, und er wählte Muso Kogushi (1275–1351) zu seinem Meister.[11] Als Kaiser Godaigo starb, wollte Takauji einen Tempel errichten, um der Seele des toten Kaisers eine letzte Ruhestätte zu geben und um dafür zu sühnen, den Kaiser vertrieben zu haben. Er beauftragte Muso, eine der kaiserlichen Villen zu einem Tempel um-

---

[10] *Das Kopfkissenbuch der Hofdame Sei Shonagon.* Aus dem Japanischen übertragen und herausgegeben von Mamoru Watanabe. Zürich, Manesse Verlag, 1984, S. 91–2.

[11] Muso war der dharma-Erbe des Koho Ken'nichi.

zubauen, der den Namen Tenryuji erhielt. Muso, ein vielseitig begabter Mann und begnadeter Gartengestalter, war maßgeblich für die Verbreitung der vom Zen inspirierten Kultur verantwortlich. Die meisten Ashikaga-Shogune begeisterten sich für den Rinzai-Zen. Ihre Vorliebe wirkte sich auf die gesamte Kultur der Muromachi-Periode aus, die durch und durch vom ästhetischen Verständnis des Zen geprägt war.

Die Schule des Soto-Zen vergrößerte sich zusehends unter der kompetenten Führung von Keizan Jokin (1264–1325), der die elitäre Haltung des Gründervaters Dogen ablegte, Laien Zugang gewährte und esoterische Elemente in die Lehre der Schule aufnahm. Keizan war ein begnadeter Lehrer und bildete herausragende Schüler heran, die zusammen mit ihrem Meister tatkräftig neue Tempel in der ganzen Region Hokuriku errichteten. Darunter war auch der eindrucksvolle Sojiji-Tempel, der zweitwichtigste Tempel der Soto-Schule. Außerdem warben sie aktiv für ihre Schule und gewannen so eine große Anzahl an neuen Anhängern hinzu.

Einer der Künstler, die stark vom Soto-Zen beeinflusst wurden, war Zeami Motokiyo (1363–1443), ein großartiger Dramatiker, Schauspieler und Theoretiker des noh-Theaters. Wie auch schon sein Vater Kan'ami, war Zeami maßgeblich an der Entwicklung des noh-Theaters beteiligt. Durch seine Arbeit wurde das ursprüngliche Volkstheaterstück zur Kunstform. Zeami ließ sich in Yamoto von Meister Chikuso, dem Abt des Hoganji-Tempels, im Zen unterrichten. Hoganji war der erste Soto-Zen-Tempel in der Region Yamoto und gehörte zum Sojiji-Zweig.[12] Die vom Zen vermittelte offene Geisteshaltung, die über eine egozentrische Dichotomie von Subjekt und Objekt hinausgeht, diente Zeami als Grundlage für seine Schauspiel-Theorie. Für ihn war es unabdingbar, dass sich

[12] Kosai Tsutomi: „Fukanji Nidai" („Der zweite Meister des Fukanji-Tempels). In *Zeami Shinko* (*Auf den Spuren Zeamis*). Tokyo, Wan'ya Shoten, 1980, S. 3–8.

die Schauspieler kontinuierlich und gewissenhaft in ihrer Kunst übten. Hier spiegelt sich Dogens Philosophie wider, die das religiöse Leben als kontinuierlichen Übungsweg betrachtete. Zeamis Theorie war gänzlich durchdrungen vom Bewusstsein des Zen für die Einheit von Subjekt und Objekt.

Der Japanische Garten

Die Geschichte des japanischen Gartens, die bis ins Altertum zurückreicht, spiegelt die Geschichte der japanischen Religion wider. Ein geweihtes, mit kleinen glatten Steinen abgegrenztes und bedecktes Stück Land (*saniwa*) war der heilige Ort, an dem sich ein Kaiser (oder eine Kaiserin) niedersetzte und auf einem Saiteninstrument spielte, um den Geist der *kami* herbeizurufen. Der Geist übermittelte dann einen Orakelspruch, der vom ebenfalls anwesenden Premierminister gedeutet wurde. Dieses heilige Stück Land wurde später zum Bestandteil japanischer Gärten.

Die Kunst der Gartengestaltung, die in China und Korea entstanden war, wurde ungefähr zur selben Zeit wie der Buddhismus von koreanischen Einwanderern nach Japan gebracht. Die Oberhäupter der Klans legten auf ihrem Grundbesitz Gärten an, in denen sich künstliche Teiche und Inseln befanden. Diese sollten die Insel Horai – laut einer daoistischen Legende die Insel der Unsterblichen – nachbilden oder den Berg Sameru, der in der buddhistischen Kosmologie den Mittelpunkt des Universums darstellt.

Während der Heian-Periode wurden die Gärten immer kunstvoller. Die herrschaftlichen Wohnsitze der Adligen wurden zur Kulisse für Wassergärten, die aus einem großen aber flachen, künstlich angelegten See bestanden oder aus einer Reihe von hintereinander liegender Teiche, in denen es Inseln, Wasserfälle und Brücken gab. Wasserläufe, Steine und Bäume wurden in den Gärten nach den Prinzipien der chinesischen *Fengshui*-Lehre angeordnet.

Beeinflusst vom Buddhismus des Reinen Landes versuchte man ab dem elften Jahrhundert, in den Gärten Amida Buddhas Paradies nachzubilden. Dabei dienten die Beschreibungen in den buddhistischen *Sutras* als Vorlage. Ein gutes Beispiel für diese „Paradies-Gärten“ ist der Byodoin-Tempel in Uji. Die vergoldete Statue des Amida Buddha, die zu seiner Ehre in der Mitte der Haupthalle aufgestellt wurde, spiegelt sich im Teich des Gartens wider. Nachts wird die Statue des Buddhas angestrahlt und sein Spiegelbild im Wasser ruft eine geheimnisvolle Atmosphäre hervor.

Im vierzehnten Jahrhundert nahmen die Gärten unter dem Einfluss des Zen-Buddhismus ein vollkommen anderes Erscheinungsbild an. Zen-Gärten waren gewöhnlich kleiner, da sie meist hinter den Hauptgebäuden der Tempel als private Orte der Ruhe angelegt wurden, die der Öffentlichkeit nicht zugänglich waren. Neben professionellen Gartengestaltern betätigten sich auch einige talentierte Zen-Mönche auf dem Gebiet des Gartenbaus. Typischerweise verfolgten sie dabei einen minimalistischen Ansatz. Sehr beliebt wurde die Darstellung von Landschaften, bei denen man auf Wasser verzichtete. Diese sind als „trockene Gärten“ oder *karesansui* bekannt.

Der berühmteste dieser „trockenen Gärten“ ist der Steingarten des Ryoanji-Tempels. Fünfzehn verschieden große Steine „treiben“ zu zweit oder zu dritt auf einem „Meer“ aus weißen Kieseln. Seine Schlichtheit hat schon viele dazu veranlasst, nach einer Erklärung für die Bedeutung des Gartens zu suchen. Jedoch scheint kein Erklärungsversuch je die „Aussage“ der Steine wirklich zu treffen. Die tiefe Stille, die in den Zen-Gärten herrscht, machen sie auch heute noch zu beliebten Orten der Meditation, an denen die Besucher einen Moment zur Ruhe kommen können.

Während der Azuchi-Momoyana-Periode, in der man den weltlichen Werten eine größere Bedeutung als den religiösen zumaß, wurden die Gärten sehr prächtig, und man bevorzugte ungewöhnliche Steine und auffällige Pflanzen. Heute sind japanische Gärten meist eine Mischung aus mehreren Stilen, und man benutzt bewusst verschiedene Techniken, um die begrenzte Fläche des Gartens optimal zu nutzen. Dazu gehört auch die Praxis, die natürliche Umgebung des Gartens in das Gesamtbild mit einzubeziehen – eine Technik, die man „geborgte Landschaft“ nennt.

Japanische Gartengestalter haben schon immer die Individualität von Steinen betont. Schließlich ist kein natürlicher Stein wie der andere, jeder hat seine eigene Form, Farbe und Beschaffenheit. Gleichzeitig zeichnen sie sich durch ihre Stabilität aus und wirken manchmal auf eine bestimmte Weise beseelt. In alten Zeiten glaubte man deshalb, dass die *kami* in ihnen wohnten. Dieser Glaube ist der Grund, warum Gartengestalter auch heute noch weniger vom „Hinlegen“ und „Anordnen“ der Steine sprechen, sondern eher vom „Aufrichten“ und „Versammeln“. Wird ein Stein an einen anderen Ort gebracht, spricht man vom „Führen des Steins“, selbst wenn dafür technische Hilfsmittel benutzt werden. Ein Stein wird für gewöhnlich zu zwei Dritteln eingegraben, sodass nur sein „Kopf“ herausschaut. Dadurch gibt man dem Stein einen guten „Stand“.

Zwar strahlen alle Gärten Ruhe und Frieden aus und bieten ihren Besuchern einen Raum der Erholung, die feinsinnigen philosophischen Prinzipien, die hinter der Gestaltung eines japanischen Gartens stehen, machen ihn jedoch zu einem ganz besonderen Erlebnis.

Franz Xaver und die Einführung des Christentums

Als die ersten christlichen Missionare 1549 nach Japan kamen, hätten sie keinen günstigeren Zeitpunkt wählen können. In der Mitte des sechzehnten Jahrhunderts war Japan vom Bürgerkrieg zerrüttet, und in einer Zeit, in der man „eroberte oder erobert wurde“, hatten die Kriegsherren (*daimyo*) viele der alten religiösen Vorstellungen und „Aberglauben“ abgeschafft. Pragmatismus, Rationalismus und gut durchdachte, rücksichtslose militärische Strategien gewannen immer mehr an Bedeutung. Die mittelalterliche Weltsicht der Japaner, in deren Mittelpunkt immer die Religion gestanden hatte, ging nach und nach im Kriegsgeschrei der Soldaten, im Hufgetrappel der Pferde und im Echo der Gewehre unter, die kurz zuvor von portugiesischen Seeleuten in Japan eingeführt worden waren.

Die globale Ausbreitung des Christentums muss im Kontext der Entwicklungen in Europa betrachtet werden. Die Zeit war geprägt von wissenschaftlichen Entdeckungen, wie zum Beispiel Toscanellis Weltkarte, die die Erde als Kugel darstellte, oder Kopernikus' und Keplers Entdeckung, dass die Erde um die Sonne kreist. Darüber hinaus machte man große Fortschritte auf den Gebieten der Navigation und der Technik, die vor allem von dem Portugiesen Heinrich dem Seefahrer vorangetrieben wurden. Gleichzeitig erkundeten und entdeckten Seefahrer wie Vasco Da Gama, Columbus und Magellan neue Seewege. Die von Martin Luther im Jahr 1517 in Gang gesetzte protestantische Reformation und die Gegenreformation der Katholiken fügten dem Bild eine weitere Dimension hinzu. In diesem dynamischen, farbenfrohen und turbulenten Abschnitt der Weltgeschichte gelangte das Christentum nach Japan.

Franz Xaver (1506–52) wurde als Sohn einer einflussreichen Familie im nordspanischen Navarra geboren und war einer der Gründerväter des Jesuitenordens.[13] Der Orden hatte sich unter anderem zur Aufgabe gemacht, die „Heiden" zum Christentum zu bekehren. Xaver wurde nach Goa in Indien entsandt, wo er einige Jahre als Missionar tätig war. Während dieser Zeit traf er Anjiro, einen japanischen Strafgefangenen, der nach Indien geflohen war. Xaver wurde Anjiros Beichtvater und bekehrte ihn zum Katholizismus. Als er Anjiro besser kennenlernte, kam Xaver zu der Überzeugung, dass er seinen Glauben auch nach Japan bringen sollte. Zusammen mit seinen Glaubensbrüdern Pater Cosme de Torres und Bruder Juan Fernández sowie Anjiro, der ihm als Übersetzer diente, segelte er am 15. August 1549 von Goa nach Kagoshima. Xavers erster Eindruck von den Japanern war, wie er den Jesuiten in Goa meldete, positiv:

> Vor allem, das Volk, mit dem wir bisher verkehrt haben, ist das *beste*, das bisher entdeckt worden ist, und mir scheint, unter Ungläubigen wird man kein anderes finden, das die Japaner übertrifft. Es sind Leute von sehr guten Umgangsformen und gewöhnlich gut

---

[13] Der Jesuitenorden, den Ignatius von Loyola als Reaktion auf die Reformation gegründet hatte, wurde 1540 vom Papst als Orden anerkannt.

und nicht böswillig; ein Volk, das ganz erstaunlich auf Ehre hält. Die Ehre schätzen sie höher als irgendeine andere Sache.[14]

Anfängliche Schwierigkeiten

Das erste große Hindernis für Xaver und seine Begleiter war die Sprache. Mit Anjiros Hilfe hatte Xaver aber bald schon soviel Japanisch gelernt, dass er die Zehn Gebote aufsagen konnte, und Bruder Fernández erwies sich als außerordentliches Sprachtalent. Gemeinsam übersetzten sie den Katechismus ins Japanische.

Xaver und seine Begleiter verdammten bestimmte Bräuche und Umstände, auf die sie in Japan trafen, als „teuflisch". Besonderen Anstoß nahmen sie am korrupten Lebensstil der Mönche und Nonnen in den Klöstern, an den weit verbreiteten homosexuellen Praktiken unter Männern und daran, dass Frauen einfach ihre Kinder abtrieben oder die Neugeborenen töteten, wenn sie zu arm waren, um sie großzuziehen.[15] Überraschenderweise fand ihre Kritik Unterstützung von Japanern, die sich um das Wohlergehen der Gesellschaft sorgten, und von jenen, die den buddhistischen Einrichtungen ohnehin schon kritisch gegenüber standen.

Das größte Hindernis für die Japaner war, dass nach der Lehre der Jesuiten ausschließlich Christen errettet werden konnten. Obwohl sie an der christlichen Lehre interessiert waren, die sie anfangs für eine weitere Form des Buddhismus aus Indien hielten, lehnten die Japaner die Vorstellung ab, dass all ihre Vorfahren, die nicht die Möglichkeit gehabt hatten, den christlichen Glauben kennenzulernen, zu ewigen Qualen in der Hölle verdammt seien.

Xaver kannte die Legende des Heiligen Apostels Thomas,

---

[14] Brief vom 15. November 1549. Abgedruckt in G. Schurhammer: *Franz Xaver. Sein Leben und seine Zeit*. Freiburg, Verlag Herder, 1973, S. 87.
[15] Ibid, S. 164–165.

nach der dieser das Arabische Meer überquert und die Menschen bis über die Grenzen Indiens hinaus zum Christentum bekehrt haben soll. Xaver hoffte, dass dasselbe auch in Japan passieren könnte. Er diskutierte mit gelehrten Priestern der buddhistischen Shingon-Schule und fühlte sich ermutigt, als er herausfand, dass sie mit der christlichen Vorstellung eines allmächtigen, allgegenwärtigen und allwissenden Gottes übereinstimmten – eine Vorstellung, die ihrem Verständnis von der Buddha-Natur, also dem kosmischen Buddha oder Mahavairochana, sehr ähnlich war. Ein paar Tage später, als er die Idee von Gott als Schöpfer und von der Unsterblichkeit der Seele beschrieb, musste Xaver jedoch feststellen, dass sie den japanischen Priestern völlig fremd war, da für sie alle Dinge ständig im Entstehen und Vergehen begriffen waren. Als er ihnen die Lehre von Christi Menschwerdung, seiner Auferstehung und von der Dreifaltigkeit nahe bringen wollte, taten die Priester dies als „Träume und Fabeln" ab.[16]

Trotz dieser theologischen Schwierigkeiten war Xaver ein Mann, der sich durch seine Menschlichkeit und Ernsthaftigkeit auszeichnete. Sein Edelmut und die Hingabe an seinen Glauben beeindruckten die Japaner, die ihm begegneten. Kriegsherren, Intellektuelle und adlige Damen begannen, sich für die von ihm verkündete christliche Lehre zu interessieren. In Yamaguchi, wo er sich einige Zeit aufhielt, stellte ihm der einheimische Kriegsherr einen verlassenen buddhistischen Tempel zur Verfügung, den er als Kirche nutzen konnte. Xaver und seine Begleiter vermittelten den Japanern auch die Erkenntnisse der europäischen Wissenschaft, wodurch ihre Glaubwürdigkeit enorm gesteigert wurde. Xaver berichtete seinen Vorgesetzten:

> Die Japaner … wussten nicht, daß die Erde rund sei, noch kannten sie den Lauf der Sonne, und sie fragten darum über diese Dinge und andere wie über die Kometen, Blitze, Regen und Schnee und ande-

---

[16] Ibid, S. 234–38.

res Ähnliches. Darauf antworteten wir und erklärten sie ihnen und sie waren darüber sehr erfreut und befriedigt und hielten uns für gelehrte Leute, was nicht wenig half, daß sie unseren Worten Glauben schenkten.[17]

Xavers Mission hatte nur einen bescheidenen Erfolg. Er verließ Japan 1551, seine Begleiter blieben jedoch im Land zurück. Kurze Zeit später verschlechterte sich sein Gesundheitszustand rapide und er starb am 3. Dezember 1552 in Macao. Am 25. Oktober 1619 wurde er selig, und am 12. Mai 1622 von Papst Gregor XV. heilig gesprochen. Noch heute sind die Menschen in Yamaguchi stolz darauf, diesem edlen Heiligen vor mehr als vierhundert Jahren ihre Gastfreundschaft erwiesen zu haben. Selbst nichtchristliche Taxifahrer hört man liebevoll vom Adoptivsohn ihrer Stadt reden.

Nabunaga und das Christentum

Bei seinem Versuch, Japan zu vereinigen, stieß der Kriegsherr Osa Nobunaga auf massive Gegenwehr vonseiten der bewaffneten Truppen der Wahren Schule des Reinen Landes, die im Ishiyama-Honganji-Tempel in der Nähe von Osaka ihr Hauptquartier hatte. Seine Wut auf die buddhistischen Einrichtungen ließ er am Kloster auf dem Berg Hiei aus, das sich inzwischen zu einem einflussreichen und gut bewaffneten buddhistischen Zentrum entwickelt hatte. 1571 griff Nobunaga den Berg Hiei an, metzelte jeden nieder, der sich seinen Truppen in den Weg stellte, und machte insgesamt über tausend Tempel dem Erdboden gleich. Zwei Jahre später nahm er Kyoto ein und setzte so dem Ashikaga-Shogunat ein Ende.

Seine Abneigung gegen die buddhistischen Schulen machte Nobunaga zum Befürworter des Christentums, da er in ihm ein Gegengewicht zur politischen Macht des Buddhismus sah. In den folgenden fünfzig Jahren erhielt das Chris-

---

[17] Ibid, S. 235.

tentum so Unterstützung durch die Machthabenden und kam in den Genuss zahlreicher Privilegien. Im Jahr 1576 wurde in Kyoto die erste christliche Kirche Japans erbaut. Ihr Name, Nanbanji, bedeutet wörtlich „Westlicher Tempel“. 1580 zählte Japan bereits 150 000 Christen (*kirishitan*), und allein in Kyoto gab es mehr als 200 Kapellen.[18] Alessandro Valignano, der dreimal als Visitator des Jesuitenordens nach Japan kam (1579–82, 1590–92 und 1598–1603), trug maßgeblich zu Verbreitung des Christentums in Japan bei. Er besaß großes organisatorisches Talent und erhielt von Nobunaga die Erlaubnis, christliche Schulen und Priesterseminare einzurichten. Zudem hatte er ein ausgeprägtes Gespür für interkulturelle Belange und wusste, wie wichtig es für die Verbreitung des Christentums war, die japanische Kultur zu verstehen und sich an die einheimischen Bräuche anzupassen. Außerdem war er dafür verantwortlich, dass eine Gesandtschaft in den Vatikan geschickt wurde. Unterstützt von den christlichen Kriegsherren Japans machte sich Vagilano 1582 in Begleitung von vier jungen Männern auf den Weg nach Rom. Nach einer langen und beschwerlichen Reise erreichte die Gesandtschaft 1584 Lissabon, von wo aus sie über Madrid schließlich nach Italien reiste und über Florenz nach Rom gelangte. Im Februar 1585 gewährte ihnen der 84-jährige Papst Gregor XIII. eine Audienz. Der Papst war hoch erfreut über ihren Besuch und hieß sie herzlich willkommen.

Hideyoshi und das Christentum

Nobunagas Nachfolger Toyotomi Hideyoshi verfolgte anfangs denselben politischen und militärischen Kurs wie Nobunaga, und die Jesuiten genossen auch weiterhin eine privilegierte Behandlung. Eine Zeit lang weckte die von portugiesischen Händlern eingeführte Kleidung aus dem Westen

---

[18] Okada: *Nihon no rekishi*, 7: S. 76.

die Neugier der Menschen. Manche kosteten sogar heimlich Rindfleisch, obwohl das buddhistische Gebot des Nicht-Tötens traditionell beinhaltet, dass keine vierbeinigen Tiere geschlachtet und verzehrt werden dürfen. Bald schon wandelte sich aber die wohlwollende Haltung der Japaner gegenüber den aus dem Westen eingeführten Dingen. Die Europäer zwangen die Menschen zu konvertieren und in der Öffentlichkeit Fleisch zu essen. Sie verkauften sogar Kinder und Frauen an die Sklavenmärkte im Ausland.[19] Die Kriegherren übereigneten der Kirche Grundbesitz, darunter auch der Hafen von Nagasaki. Zuweilen griffen japanische Konvertiten buddhistische Tempel und Shinto-Schreine an und zerstörten sie.

Aus heiterem Himmel veröffentlichte Hideyoshi am 25. Juli 1585 einen Erlass, der das Christentum verbot und allen Missionaren – nicht aber den portugiesischen Händlern – befahl, das Land innerhalb von zwanzig Tagen zu verlassen.[20] Hideyoshi verwies in diesem Erlass auf die Jahrtausende alte Phrase, dass Japan ein „göttliches Land" (*shinkoku*) sei.

In den ersten beiden Absätzen des Erlasses heißt es: „Es ist bedauernswert, dass die Christen ihre Lehre nach Japan, dem göttlichen Land, gebracht haben" und „Es ist unerhört, dass die Missionare die Menschen zwingen, zu ihrem Glauben zu konvertieren, und sie dazu anstacheln, Schreine und Tempel zu zerstören."[21] Der Erlass war aber nicht mehr als eine förmliche Warnung, und die Jesuiten setzten ihre missionarischen Tätigkeiten fort.

Als Valignano 1590 zum zweiten Mal nach Japan kam, konnte er Hideyoshi beschwichtigen und das Christentum

---

[19] Iwao Seiichi, *Sakoku* (*Nihon no Reishi*) (*Abschließung der Häfen: Die Geschichte Japans, Bd. 14*). Tokyo, Chuokoronsha, 1971, S. 81–83.

[20] James Murdoch: *A History of Japan*. New York, Frederick Ungar, 1964, Bd. 2, Teil 1, S. 243.

[21] Iwao: *Sakoku*m, S. 77–78.

blieb weiterhin erfolgreich. 1592 oder 1593 trat Japan mit Spanien in Handelsbeziehungen. Spanien sandte einen Dominikanerpriester und einige Franziskaner als „Botschafter" nach Japan. Die Jesuiten und die Portugiesen, die bis dahin eine Monopolstellung in der Missionierung bzw. im Handel hatten, fühlten sich durch diese Ereignisse bedroht. Rivalitäten zwischen den Jesuiten, den Dominikanern und den Franziskanern, die durch den Kampf ihrer jeweiligen Heimatländer um Handelsgewinne noch verschärft wurden, sollten schließlich dazu führen, dass sie allesamt ganz aus Japan vertrieben wurden.

Die San Felipe *und die christlichen Märtyrer*

Das Wohlwollen, das man dem Christentum entgegengebracht hatte, fand 1596 ein jähes Ende, als die spanische Galeone *San Felipe* vor der Küste von Tosa von einem Taifun überrascht wurde und in Japan strandete. Das Schiff wurde von den örtlichen Obrigkeiten beschlagnahmt und sämtliche Mitglieder der Besatzung wurden verhört. Der Kapitän der *San Felipe* zeigte den Japanern eine Karte, auf der die Erde in Gebiete eingeteilt war, die entweder unter spanischer oder unter portugiesischer Herrschaft standen. Diese Einteilung war 1493 erstmals von Papst Alexander VI. vorgenommen und 1494 sowie 1529 modifiziert worden. Der Kapitän machte die japanischen Beamten darauf aufmerksam, wie weitläufig das Herrschaftsgebiet des spanischen Königs Philip II. sei, und sagte ihnen: „Unsere Könige schicken als Erstes Priester in die Länder, die sie unterwerfen wollen. Die Priester bewegen die Menschen dazu, unseren Glauben anzunehmen, und wenn sie erfolgreich waren, werden Truppen geschickt, die sich mit den neuen Christen zusammenschließen. Und dann haben unsere Könige keine Schwierigkeiten mehr, ihr Vorhaben zu Ende zu bringen."[22]

---

[22] Murdoch: *A History of Japan*, Bd. 2., Teil 1, S. 288.

Dieser Vorfall lieferte Hideyoshi einen ausreichenden Grund, das Christentum zu verbieten. In Asien gab es bereits Anzeichen der Kolonialisierung durch westliche Mächte, Hideyoshi musste seinen Blick nur nach Macao oder auf die Philippinen richten. Als sich einige Franziskaner, denen es nun verboten war, das Land zu betreten, nach Japan hineinschmuggelten und entdeckt wurden, kannte Hideyoshis Wut keine Grenzen. Sie wurden verhaftet und mussten zu Fuß von Kyoto nach Nagasaki gehen, wo sie nach den Methoden der heiligen Inquisition gefoltert und gekreuzigt wurden. Sechsundzwanzig Christen – sowohl franziskanische Missionare als auch japanische Konvertiten – wurden am 5. Februar 1597 in Nagasaki auf dem Scheiterhaufen verbrannt. Sie waren die ersten christlichen Märtyrer Japans. Später wurden diese sechsundzwanzig Männer heilig gesprochen.

Die Deifizierung Hideyoshis

Hideyoshi starb im Jahr 1598. Entsprechend seines Testaments wurde 1599 im Kyoter Stadtteil Higashiyama der Toyokuni-Schrein errichtet, in dem sein Geist als *kami* verehrt wurde. Hideyoshi war der kaiserlichen Familie ein großzügiger Schutzpatron gewesen und hatte das einundvierzigste *sengu* – den Abriss und Wiederaufbau des Ise-Schreins – im Jahr 1585 freigiebig unterstützt.[23] Aus Dankbarkeit verlieh ihm der Kaiserhof den posthumen Titel „Toyokuni **Daimyjin**" (die Große Gottheit Toyokuni, der Reichtum des Landes).

---

[23] Vor dem *sengu* im Jahre 1585 war die Erneuerung des Inneren Schreins für 129 Jahre ausgesetzt worden, da der kaiserlichen Familie die finanziellen Mittel dafür fehlten. Der Äußere Schrein konnte dank einer Spendensammlung der buddhistischen Nonne Seijun im Jahr 1563 erneuert werden.

Der Weg des Tees und Zen

Die japanische Tee-Zeremonie, oder *chanoyu*, ist im Grunde recht einfach. Gäste werden zum Tee eingeladen. Der Gastgeber gießt heißes Wasser in eine Schale, gibt pulverisierten Tee hinzu und schlägt diesen solange, bis er sich aufgelöst hat. Dann bietet der Gastgeber den Gästen Tee an. Jeder nimmt ein paar Schlucke Tee und bewundert danach die schöne Schale. Meist werden Süßigkeiten gereicht, um den bitteren Geschmack des Tees zu neutralisieren.

Pulverisierter Grüntee, siedendes Wasser, eine Teeschale, eine Schöpfkelle aus Bambus, ein Löffelchen für das Pulver und ein Schneebesen aus Bambus ist alles, was man braucht, um eine Schale Tee zuzubereiten – oder etwa nicht? Was *chanoyu* (wörtlich „heißes Teewasser“) zu einer Kunst macht, ist die mentale und spirituelle Haltung, die man während der Zeremonie einnimmt, ganz gleich, ob man Gastgeber oder Gast ist. Bei einer Schale Tee genießen Gastgeber und Gäste gemeinsam ruhige, ganz intime Momente. Auch wenn *chanoyu* strengen Regeln zu unterliegen scheint, ist die Zeremonie im Grunde eine private, spirituell veredelte Unterhaltungskunst.

Während der Muromachi-Periode machten die Adligen und Kriegsherren die Zubereitung und das Servieren von Tee zu einer komplizierten Zeremonie, die oft und gerne bei offiziellen Anlässen zelebriert wurde. Für diese prunkvolle Form der Teezeremonie verwendete man Utensilien aus Gold, Silber und Elfenbein. Als Gegenbewegung zu diesem Trend entwickelte Murato Shuko (oder Juko, 1422–1502) eine neue, einfachere Form des *chanoyu*. Sein Unterricht bei Zen-Meister Ikkyu Sojun (1394–1481) diente ihm dabei als Inspiration. Ikkyu war Abt des Daitokuji-Tempels in Kyoto und ein talentierter Dichter. Die Künstler seiner Zeit brachten ihm großen Respekt entgegen und seine Schüler bildeten einen kleinen Künstler- und Intellektuellenzirkel, den man im Westen vielleicht als „Salon“ bezeichnet hätte. Shuko muss von Ikkyo gelernt haben, wie die Teezubereitung in den Klöstern zelebriert wurde, und bemerkt haben, dass die Zeremonie gut mit der Spiritualität des Zen in Einklang gebracht werden konnte. Shuko gilt heute als Gründer des „Teewegs". Er „befreite" das *chanoyu* vom pompösen Glanz und legte Regeln für eine schlichte Zeremonie fest.

Zunächst einmal hat „Small Talk" bei einer Teezeremonie nichts zu suchen. Die Gäste schütteln den „Staub der Welt" ab, wenn sie den Teeraum vom Garten aus betreten. Zu Shukos Zeiten beinhaltete der „Staub der Welt" auch gesellschaftliche Unterschiede. Er wies seine Schüler an, eine egalitäre Geisteshaltung anzunehmen, indem sie „die Niedrigen respektierten und Titeln keine Beachtung schenkten." Ein anderer wichtiger Ratschlag Shukos war, sich „innen wie außen" rein zu machen. Der reine Geist, den man für die Teezeremonie benötigt, ist letztlich nichts anderes als der reine, glückselige Buddha-Geist, der frei ist von jeglicher Rationalität und weder Gewinn noch Verlust berechnet. Der „Tee-Geist" ist ehrlich, ernsthaft und mitfühlend.

Shukos Schüler Takeno Joo (1504–55) gab diese Kunst an Sen no Rikyu (1522–90) weiter, der sie bis auf ihre wesentlichen Bestandteile reduzierte. Er entwarf einen Teeraum, in dem sich außer zwei Tatami-Matten in einer Nische nur ein schlichtes Blumengesteck befand. Rikyus Form der Teezeremonie ist als *wabi-cha* bekannt. „Wabi" bedeutet im heutigen Sprachgebrauch „minimalistisch" – es bezeichnet die Eleganz der Schlichtheit, der gewollten Bescheidenheit. Anstatt heller Farben wurden gedämpfte bevorzugt, für die Teeschale verwendete man zum Beispiel lieber schwarz als rot. Rikyu war ein ausgesprochener Kunstkenner und ein begnadeter Künstler. Er diente sowohl Oda Nobunaga als auch Toyotomi Hideyoshi als Tee-Meister.

Eine Anekdote, die als „Rikyus Prunkwinden-Versammlung" bekannt ist, spiegelt etwas von seiner Größe wider. Eines Morgens kam Hideyoshi ganz früh in Rikyus Garten, weil er dessen Prunkwinden sehen wollte. Wie er gehört hatte, sollten diese in voller Blüte stehen. Als er ankam, konnte er jedoch keine einzige Blüte entdecken. Wutentbrannt betrat er den kleinen Teeraum, wo er eine einzige, wunderschön gefärbte Blüte der Prunkwinde in einer Nische fand. Den meisten Menschen würde es wohl herzlos erscheinen, alle Blüten bis auf eine abzuschneiden und wegzuwerfen, Rikyus Ästhetik konzentrierte sich jedoch auf das metaphysische Prinzip. Durch diese *einzelne* Blüte wollte er die Schönheit der Prunkwinden vermitteln. In einer einzigen Prunkwinde sind alle

Prunkwinden enthalten. Das Einzelne in der Vielzahl zusehen und die Vielzahl im Einzelnen ist eine Einstellung, die von den Buddhisten gefördert wird und dem mystischen Bewusstsein William Blakes nicht unähnlich ist: „To see a World in a Grain of Sand/And a Heaven in a Wild Flower“ („Die Welt in einem Sandkorn/Und den Himmel in einer Wilden Blume“; *Lieder der Unschuld*). Diese Art des mystischen Bewusstseins hält die Kunst der Teezubereitung am Leben.

Heute zählen Tee-Meister „Harmonie“ (*wa*), „Ehrfurcht“ (*kei*), „Reinheit“ (*sei*) und „Ruhe“ (*jaku*) zu den leitenden Prinzipien des *chanoyu*. Yanagi Muneyoshi (1889–1961), ein großer Ästhet und Philosoph, fasste den religiösen Aspekt des *chanoyu* in folgenden Worten zusammen: „Der Weg des Tees ist ein Weg der Errettung durch Schönheit ... Da *chanoyu* ein Weg ist, sollte spirituelle Disziplin an erster Stellen stehen.“

6
Die frühe Neuzeit

Ieyasu und das Tokugawa-Shogunat

Mit der Gründung des Tokugawa-Shogunats in Edo (Tokyo) im Jahr 1603 verschwand die offene Geisteshaltung des vorangegangenen Zeitalters allmählich, da das Shogunat strenge Maßnahmen ergriff, um sämtliche Bereiche des gesellschaftlichen Lebens unter seine Kontrolle zu bringen. Die Kriegsherren, die nun zu Feudalherren ernannt wurden, verpflichteten sich zu absoluter Treue gegenüber dem Shogunat und herrschten über ihre Provinzen. Oberstes Ziel des Shogunats war es, den Frieden im Land aufrecht zu erhalten. Zu diesem Zweck führte die Regierung zahlreiche Regelungen und Gesetze ein.

Tokugawa Ieyasu war geneigt, das Christentum zu verbieten, auch wenn er den Europäern mit gemischten Gefühlen gegenüber stand. Im Jahr 1600 war ein niederländisches Schiff an der Küste Japans gestrandet, das einige niederländische und englische Gelehrte an Bord hatte. Beeindruckt vom Wissen dieser Männer, hieß Ieyasu sie herzlich willkommen und gab den Niederländern die Erlaubnis, mit Japan in Handelsbeziehungen zu treten. Den Engländer Will Adams machte er zu seinem Berater. Später – im Jahr 1612 – verbot Ieyasu das Christentum jedoch. Zwei Dinge beunruhigten die Obrigkeiten des Shogunats: Erstens befürchteten sie, dass die Europäer in Japan die Macht übernehmen könnten. Zweitens hatten sie Angst, dass sich die Christen in Japan über die

Grenzen der sozialen Stände hinweg zusammenschließen könnten und so zu einer sozialen Macht werden würden, die stark genug war, um an den Grundfesten des neu etablierten Shogunats zu rütteln. Obwohl in Japan schon immer ein Ständesystem existiert hatte, war die Gesellschaft nun strengstens in „Samurai, Bauern, Handwerker und Händler" unterteilt (Aristokraten und Kleriker gehörten offensichtlich eigenen Ständen an).

Die Rivalität zwischen den protestantischen Ländern (die Niederlande und England) und den katholischen Ländern (Spanien und Portugal) verschärfte die Situation weiter, da sie sich gegenseitig vor dem Shogunat beschuldigten, die See- und Handelsrechte nicht einzuhalten.

Die Abschließungspolitik

In den Jahren 1614 und 1615 holte das Tokugawa-Shogunat zu seinem letzten Schlag gegen die Toyotomi aus. Zu dieser Zeit ergriffen die christlichen Missionare aus dem Westen für die Toyotomi Partei und lehnten sich gegen die anti-christliche Politik des Shogunats auf. Dies verärgerte das Shogunat und es reagierte auf die Auseinandersetzungen mit einem verschärften Verbot des Christentums. Trotzdem schmuggelten sich christliche Missionare immer wieder mit Handelsschiffen ins Land. Die beste Methode, dies zu unterbinden, war der Abbruch sämtlicher Handelsbeziehungen. Im Jahr 1624 weigerte sich Japan, weiterhin mit Spanien Geschäfte abzuschließen. 1635 wurde das Amt für „Tempel- und Schrein-Kontrolle" (*jisha bugyo*) eingeführt. Zudem begann man, Christen systematisch zu verfolgen und zu foltern.

Die Bauern in der Region Shimabara nahe Nagasaki litten seit 1634 unter Missernten, und zusätzlich wurde ihr Leben durch die überhöhten Steuern, die sie an ihre Lehnsherren entrichten mussten, erschwert. Im Jahr 1637 entlud sich ihr Ärger in einem Bauernaufstand, der sich rasch bis auf die Insel Amakusa ausweitete. Sowohl Shimabara als auch Amakusa waren Regionen, in denen vormals viele japanische Christen gelebt hatten.[1] Der Aufstand wurde im folgenden Jahr von den Streitmächten des Shogunats niedergeschlagen. Er lieferte dem Shogunat jedoch die ideale Entschuldigung für ein totales Verbot des Christentums. Im Jahr 1639 wurde es portugiesischen Händlern untersagt, japanische Häfen anzulaufen.

Die Abschließung der japanischen Häfen war damit vollendet. Außer niederländischen und chinesischen Händlern sowie koreanischen Diplomaten durften sich keine Ausländer mehr im Land aufhalten. 1641 verlegte das Shogunat die niederländische Handelsbasis auf die künstlich aufgeschüttete Insel Dejima im Hafen von Nagasaki, sodass das Kommen und Gehen der Europäer überwacht werden konnte. In den folgenden 200 Jahren sollte es keinem christlichen Missionar mehr erlaubt sein, das Land zu betreten.

Die Verfolgung der Christen und die Entstehung des Danka-*Systems*

Bereits 1614 hatte das Shogunat die buddhistischen Tempel damit beauftragt, Christen, die ihrem Glauben abschworen, eine „Apostasie-Bescheinigung" auszustellen. Wenn sie am Leben bleiben wollten, hatten die Christen keine andere Wahl, als von ihrer Religion Abstand zu nehmen. Nach dem Shimabara-Aufstand verschärfte das Shogunat die „Kontrolle der religiösen Zugehörigkeit" (*shumon aratame*). Jede japanische Familie (*ie*) war verpflichtet, sich vom örtlichen buddhistischen Tempel bescheinigen zu lassen, dass sie nicht dem christlichen Glauben angehörte. Um diese Bescheinigung zu erhalten, mussten sich die Familien als Förderer (*danka*) eines bestimmten buddhistischen Tempels registrie-

[1] Okada: *Nihon no rekishi*, 8: S. 123–28.

ren lassen. Daraus entwickelte sich das sogenannte **„danka"-System,** das direkt aus dem Verbot des Christentums hervorging. Jedes Dorfoberhaupt führte Buch über diese Tempel-Registrierungen und meldete sie an den zuständigen Feudalherren. Auf der Insel Kyushu, wo das Christentum tiefe Wurzeln geschlagen hatte, mussten die Menschen ihre Unschuld beweisen, indem sie hölzerne oder metallene Tafeln mit Füßen traten, auf denen die Pietà, die Kreuzigung oder andere christliche Motive abgebildet waren. Diese Testmethode war als *fumie* (wörtlich, „Bilder-Treten") bekannt und wurde zum festen Bestandteil des Neujahrsrituals in Nagasaki. Das Christentum war strengstens verboten, und widerständige Christen wurden hingerichtet. Jene, die ihrem Glauben treu blieben, mussten dies heimlich als „Krypto-Christen" (***kakure** kirishitan*) tun.

Die unbarmherzige Verfolgung der Christen durch das Shogunat erwies sich als extrem erfolgreich. Der deutsche Wissenschaftler Engelbert Kaempfer, der 1690 als Mitglied einer niederländischen Handelsmission nach Japan kam, hielt in seinem Reisebericht fest, dass das Christentum dank der Bemühungen der europäischen Missionare in Japan einst sehr erfolgreich gewesen sei und dass das Land kurz davor gestanden habe, christlich zu werden. Er bemerkte jedoch auch, dass „der Ehrgeiz und die ungeduldigen Versuche" der spanischen und portugiesischen Missionare, „sowohl die weltlichen als auch die spirituellen Früchte ihrer Pflege und Arbeit zu ernten", das Shogunat dazu getrieben hätten, eine Verfolgung in Gang zu setzen, „wie sie die Welt noch nie gesehen hat, wodurch die Religion, die die Christen verkündet hatten und jene, die sich zu ihr bekannt hatten, innerhalb weniger Jahre vollständig ausgerottet wurden."[2]

---

[2] Engelbert Kaempfer: *The History of Japan.* Glasgow, James MacLehose, 1906, 2: S. 2.

Die Deifizierung Ieyasus

Als Ieyasu 1616 starb, hielt es das Shogunat für angebracht, auch ihn wie seinerzeit Hideyoshi zu vergöttlichen und als *kami* zu verehren. Tenkai, ein Tendai-Priester, der Ieyasu als enger religiöser und politischer Berater gedient hatte, bestand darauf, ihm den posthumen Titel „**Daigongen**“ (Große Manifestation der Buddha-Essenz) zu verleihen. Im Jahr 1635 errichtete Iemitsu (1613–51), der dritte Shogun und Enkel von Ieyasu, für seinen Großvater ein kunstvolles Mausoleum auf dem Berg Nikko, der für die Berg-Asketen schon seit dem Altertum als heilige Stätte galt. Zehn Jahre später wurde Ieyasu vom Kaiserhof der posthume Titel „Tosho Daigongen“ (Große Manifestation der Buddha-Essenz im Sonnengott des Ostens) verliehen. Das Mausoleum in Nikko wurde schon bald zu einer beliebten Pilgerstätte. Die Pracht des reich verzierten Yomei-Tores und der anderen Gebäude des Mausoleums wurde im ganzen Land gerühmt, und es hieß, dass man das Bauwerk mit eigenen Augen gesehen haben musste, bevor man glauben konnte, wie herrlich es war.

Die Schule des Obaku-Zen

Der Hafen von Nagasaki blieb auch weiterhin für chinesische Schiffe offen. Auf Einladung eines Zen-Priesters aus Nagasaki kam der 62-jährige Chan-Meister Ingen Ryuki (1592–1673) im Jahr 1654 aus dem China der Qing-Dynastie nach Japan. Mit ihm überquerten ungefähr dreißig Schüler aus seinem Heimatkloster Wanfusi (Manpukuji auf Japanisch) auf dem Berg Huangbo (Obaku auf Japanisch) das Meer. Ingen war ein Meister höchsten Grades, ein Gelehrter und Erleuchteter, der oft von den Angehörigen der Chan-Klöster in ganz China aufgesucht wurde. Anfangs hatte er geplant, nur drei Jahre in Japan zu bleiben und dann zu seinen Schülern nach China zurückzukehren. Der vierte Shogun, Ietsuna (Regierungszeit 1651–80), lud Ingen jedoch zu einer Sonderaudienz ein, nachdem er vom Ruhm des großen Chan-Meisters gehört hatte. Ietsuna war so beeindruckt von Ingen, dass er ihm ein Stück Land im südlich von Kyoto gelegenen Uji schenkte, wo Ingen ein Kloster errichten konnte. Ingen betrachtete dies als einen Wink des Schicksals und ließ sich in Japan nieder. Im Jahr 1661 errichtete er das Kloster Manpukuji, das er nach seinem Heimatkloster benannte. Das Kloster war im prächtigen Ming-Stil gebaut, und farbenfrohe Säulen und kunstvolle Kalligraphie an den Wänden schmückten die Gebäude. So wurde Ingen zum Gründer des japanischen **Obuka**-Zen, der die Praxis des *zazen* und des *nenbutsu* miteinander vereinte – eine Mischform der Glaubensausübung, die zu dieser Zeit in den chinesischen Chan-Klöstern weitverbreitet war. Begierig nach neuem Wissen und Praktiken kamen viele japanische Zen-Mönche zum Manpukuji-Kloster, um unter Ingen zu üben, ganz gleich, ob sie Anhänger des Rinzai- oder des Soto-Zen waren. Viele Feudalherren, Adlige und hochrangige Samurai strebten danach, mit Ingen in Verbindung gebracht zu werden.[3]

Als ein „Nachzügler" des japanischen Zen war die Obaku-Schule nie von besonderer Bedeutung, aber dank ihres außergewöhnlichen Gründers genoss sie großes Prestige. Heute zählt die Obaku-Schule etwa 350 000 Mitglieder, also ungefähr 8,5 Prozent aller Zen-Buddhisten.

Der Buddhismus und das Shogunat

Das „danka"-System – welches jede Familie dazu verpflichtete, sich dem örtlichen Tempel anzuschließen, um zu beweisen, dass sie nicht dem christlichen Glauben angehörte – machte die buddhistischen Tempel zu offiziellen Institutionen. Um

---

[3] Hirakubo Akira, *Ingen*. Tokyo, Yoshikawa Kobunkan, 1962.

1660 genossen die buddhistischen Tempel die bedingungslose Unterstützung des Volkes. Jede Familie musste zum Lebensunterhalt des Priesters beitragen und sich an sämtlichen Kosten beteiligen, die beim Bau der Tempelgebäude und bei ihrer Instandhaltung anfielen. Außerdem war jeder verpflichtet, den Tempelzeremonien beizuwohnen, mit denen zum Beispiel dem Gründer des Tempels oder Buddhas Todestag gedacht wurden. In der Zeit des mittsommerlichen Obon-Festes, an dem, wie man glaubte, die Seelen der Verstorbenen für kurze Zeit auf die Erde zurückkehren, um sich mit den Lebenden zu vereinen, war ein Besuch der Familiengräber auf dem Tempelgelände obligatorisch. Auch während der Tagundnachtgleichen im Frühjahr und Herbst wurden solche Besuche gemacht.

Auf diese Weise wurden die Tempel zum Mittelpunkt der jährlich wiederkehrenden religiösen Rituale der Menschen. Finanziell waren die Tempel mehr als abgesichert. Im Jahr 1665 sah sich das Shogunat sogar gezwungen, die „Verordnungen für buddhistische Schulen und Tempel" (*Sosho jiin hatto*) zu erlassen, um den verschwenderischen Lebensstil der Priester in den buddhistischen Tempeln einzuschränken. Manche Feudalherren, die eine Abneigung gegen buddhistische Tempel hegten, nutzten dies aus, um Tempel zu schließen, die sich nicht an die Anordnungen hielten.[4]

Der Buddhismus wird zur „Beerdigungsreligion"

Um 1700 hatte sich das „danka"-System fest etabliert. Die Tempel erstellten für alle Haushalte eine „Familienchronik", verpflichteten jede Familie dazu, einen Grabstein aufzustel-

---

[4] Im selben Jahr, also 1665, erließ das Shogunat die „Regelungen für Shinto-Schreine und Priester". Die Verantwortung für Shinto-Rituale, die im Zusammenhang mit dem Kaiserhof standen, wurde der Adelsfamilie Shirakawa übertragen, die traditionell für Shinto-Angelegenheiten am Hof zuständig war. Der Familie der Yoshida wurde die alleinige Verantwortung für alle anderen Shinto-Rituale übertragen.

len, und weiteten ihre Ländereien aus, um ausreichend Platz für die Gräber zu haben. Der Buddhismus wurde zur „Beerdigungsreligion“, die sich vor allem auf das Gedenken der Verstorbenen (*senzo kuyo*) konzentrierte. Buddhistische Priester betrachteten sich deshalb selbst als die Pfleger der Toten.

Jeder Haushalt war dazu verpflichtet, die „dreizehn Gedenkrituale für die Toten“ abzuhalten, die allesamt von einem buddhistischen Priester durchgeführt werden mussten. Diese Gedenkfeiern fanden am siebten, siebenundzwanzigsten, siebenunddreißigsten, siebenundvierzigsten, siebenundfünfzigsten, siebenundsechzigsten, neunundsiebzigsten und hundertsten Tag nach dem Tod eines Angehörigen statt, sowie am ersten, dritten, siebten, dreizehnten und, zum letzten Mal, am dreiunddreißigsten Todestag.[5]

Wie lästig dieser Zeitplan auch klingen mag, diese Gedenkfeiern werden bis heute in Japan abgehalten, wenn auch in verkürzter Form. Während der Edo-Periode machte sich eine Familie verdächtig, den Krypto-Christen oder der verbotenen Nichiren-Schule *Fujufuse* anzugehören, wenn sie die Einhaltung dieser Rituale versäumte. Die Fujufuse-Schule war streng sektiererisch und lehnte es ab, Außenstehenden religiöse Dienste zu erweisen oder Unterstützung von ihnen anzunehmen. Die Schule weigerte sich, sich den Vorschriften der politischen Obrigkeiten zu beugen, was für das Shogunat Grund genug war, sie zu unterdrücken.

Die Verbreitung konfuzianischer Lehren

Bereits vor der Edo-Periode hatte der während der Sung-Dynastie entstandene Neokonfuzianismus – insbesondere die Lehren des Zhu Xi (1130–1200, Shushi auf Japanisch) – die Auf-

[5] Siehe unter „Danka seido“, „Jusan butsu“, *Bukkyo daijiten* (*Lexikon des Buddhismus*). Tokyo, Shogakukan, 1988.

merksamkeit der Kriegsherren und hochrangigen Samurai auf sich gezogen. Ihnen gefielen die moralischen Lehren des Neokonfuzianismus und seine Anwendbarkeit auf die Staatskunst. Erst in der Edo-Periode allerdings entwickelte sich der Neokonfuzianismus zu einer einflussreichen religiösen und ethischen Geistesströmung. Die wichtigsten Glaubensgrundsätze der Neokonfuzianer umfassten die Selbstkultivierung und die „Erforschung der Dinge" – das heißt, die objektive Untersuchung der Dinge, die einen umgeben. Der Neokonfuzianismus lehrte, dass jeder Einzelne sein von Selbstsucht und Verlangen irregeleitetes Wesen durch objektive, rationale Reflektion in die reine menschliche Natur umwandeln könne, die Teil hat am kosmischen Prinzip des höchsten moralischen Guts. Die Einheit und Harmonie von Mikrokosmos (Menschen) und Makrokosmos (Universum) – oder von Individuum, Staat, Himmel und Erde – war aufgrund geteilter moralischer Werte das Herzstück neokonfuzianischer Erkenntnis. Nach Zhu Xi wird dieses Ordnungsprinzip (*li* auf Chinesisch, *ri* auf Japanisch) durch die Lebensenergie (*qi* auf Chinesisch, *ki* auf Japanisch) in jedem einzelnen Menschen aktiviert.[6]

Die japanischen Neokonfuzianer passten die chinesischen Lehren an ihre Verhältnisse an. Die chinesischen Neokonfuzianer beschäftigten sich sowohl mit dem Verhältnis zwischen Individuum und Universum als auch mit der Kunst der Staatsführung. Sie glaubten, dass der Einzelne durch Transformation seiner menschlichen Natur in Zwiesprache mit dem kosmischen Moralprinzip treten könne.[7] Die japanischen Neokonfuzianer hingegen konzentrierten sich mehr auf die sozialen Beziehungen und Verpflichtungen des Ein-

---

6 Wing-Tsit Chan (ins Englische übertragen und zusammengestellt): *A Source Book in Chinese Philosophy*. Princeton (New York), Princeton University Press, 1963, S. 588–653.

7 Shimada Kenji: *Shushigaku to Yomeigaku*. Tokyo, Iwanami Shoten, 1993, S. 28–29.

zelnen. Zhu Xi lehrte, dass Menschen aufgrund ihrer unterschiedlichen Lebensenergien von Geburt an ungleich seien. Dies sagte den japanischen Konfuzianern zu, da ihnen dieser Gedanke eine rationale Erklärung für das Ständesystem lieferte.[8] Aussagen wie die folgenden spiegeln Ansichten wider, die zu jener Zeit weitverbreitet waren: „Die Samurai sind besser als das gewöhnliche Volk. Deshalb ist es natürlich, dass die Samurai herrschen", oder „Bauern produzieren die fünf Getreidesorten und bilden deshalb die Basis des Landes. Handwerker fertigen Werkzeuge. Händler tauschen hingegen lediglich das, was andere erarbeitet haben, um Profit daraus zu schlagen. Deshalb bilden sie die unterste Klasse."[9]

Das wachsende Interesse am Neokonfuzianismus war teilweise darauf zurückzuführen, dass dem Buddhismus immer weniger Sympathie entgegengebracht wurde. So konvertierten zum Beispiel die Herrscher der Provinzen Okayama, Aizu und Mito zum Konfuzianismus, weil sie den Buddhismus ablehnten. Und auch der für das Shogunat tätige neokonfuzianische Gelehrte Hayashi Razan (1583–1657) verabscheute die buddhistischen Priester Tenkai (1536–1643) und Suden (1569–1633), die Ieyasu als enge Berater dienten, zutiefst. Im Allgemeinen wurden die konfuzianischen Lehren aber einfach in das bereits vorhandene religiöse Gedankengut mit einbezogen. Im Jahr 1690 richtete Tsunayoshi (Regierungszeit 1680–1709), der fünfte Shogun und selbst ein hingebungsvoller Buddhist, im Stadtteil Yushima in Edo die Heilige Halle der Konfuzianischen Studien (Shohei-Schule) ein. Gegen Ende des siebzehnten Jahrhunderts genoss der Konfuzianismus die offizielle Unterstützung des Shogunats und hatte sich zu einer einflussreichen intellektuellen und moralischen Geistesströmung entwickelt.

Einige der japanischen Konfuzianer lehnten den hochmüti-

---

8 Tsunoda: *Sources of Japanese Religion*, S. S.351.

9 Okada: *Nihon no rekishi*. 8: S. 36–37.

gen Idealismus Zhu Xis ab und zogen die Lehre Wang Yangmings (1472–1529; O Yomei auf Japanisch) vor. Während er menschlichen Schwächen Platz einräumte, befürwortete Wang Yangming die kosmische Einheit von Himmel, Erde und Menschen und erhob die Übereinstimmung von Worten und Taten zum ethischen Ziel. Nakae Toju (1608–48), der Gründer der japanischen O Yomei-Schule, lebte nach diesem Prinzip und wurde als „Weiser der Provinz Omi" bekannt. Andere japanische Konfuzianer richteten ihr Augenmerk direkt auf die Lehren des Konfuzius (551–479 v. Chr.) und des Mengzi (371–289? v. Chr.) und umgingen damit die Auslegungen Zhu Xis. Diese Schule nannte sich **Kogaku** (Alte Lehre) und hatte unter der Führung von Ito Jinsai (1625–1705) und seinem Sohn Ito Togai (1670–1736) zahlreiche Anhänger in Kyoto.

Die Verschmelzung von Shinto und Konfuzianismus

Manche Konfuzianer sahen im Shinto einen natürlichen Verbündeten, da sowohl Shinto als auch Neokonfuzianismus die große Bedeutung eines aufrichtigen Herzens betonten und den Einzelnen als integralen Bestandteil des Himmels und der Erde, oder der Natur, betrachteten.[10] Das eindrucksvollste Beispiel für die Verschmelzung von Shinto und Neokonfuzianismus ist der von Yamsaki Ansai (1618–82), einem hochgebildeten konfuzianischen Gelehrten, entwickelte Glaubensgrundsatz. Zu Ansais Freunden zählten Watarai Nobuyoshi (1615–90), ein Priester des Ise-Schreins, und Yoshikawa (oder Kikkawa) Koretaru (1615–94), der Leiter des Yoshida-Schreins in Kyoto.[11] Durch sie kam Ansai unter den Einfluss

---

[10] Siehe zum Beispiel Mary Evelyn Tuckers Werk über Karibara Eikiken (Eken), *Moral and Spiritual Cultivation in Japanese Neo-Confucianism.* Albany (New York), State University of New York Press, 1989.

[11] Yoshikawa wurde 1682 zum „Shinto-Spezialisten" am Hof des Shogunats ernannt.

des Shinto und lernte die Methoden der shintoistischen Reinigungsrituale kennen.

Ansai war der Überzeugung, dass das Prinzip oder der Weg der Neokonfuzianer auch im reinen Shinto zu finden sei.[12] Seiner Ansicht nach war der Kern der neokonfuzianischen Lehre, also die „unerschütterliche Loyalität und Selbstlosigkeit, die von einem stets aufmerksamen Geist überwacht wird“, in Prinzessin Yamotos Prophezeiung enthalten: „Damit die *kami* auf die Erde herabkommen (*sui*), musst du zunächst einmal beten; um ihren Segen zu erhalten (*myo-ga*), musst du aufrichtig sein, und wenn du so den Großen Weg erreicht hast, wird das Reich in Frieden erblühen.“[13] Als Zeichen der Anerkennung für diese Erkenntnis wurde Ansai 1671 von Yoshikawa Koretaru der shintoistische Name „Suika“ verliehen, der von Yamotos Prophezeiung abgeleitet ist: „sui“ (herabkommen) und „ga“ (wird auch „ka“ ausgesprochen; die Vermehrung göttlichen Segens). Ansai, den man nun als lebenden *kami* verehrte, wurde der Hohepriester einer eigenen Schule, die sich Suika-Shinto nannte. Die Schule hatte ungefähr 6000 Schüler, von denen alle selbst die neokonfuzianischen Lehren studiert hatten.[14]

Während der Edo-Periode nahm der Shinto immer mehr an Bedeutung zu. Ninomiya Sontoku (1787–1856), ein agrarwirtschaftlicher Reformer und Gelehrter, war sowohl Buddhist als auch Konfuzianer und Shintoist. Seine Begründung dafür war, dass „Shinto der Weg ist, der die Basis des Landes bildet, Konfuzianismus der Weg, der für das Regieren eines Landes notwendig ist, und Buddhismus der Weg, der den Geist lenkt.“ Als ideale spirituelle Dosis empfahl er eine „Pille“, die zur Hälfte aus Shinto, einem Viertel Konfuzianis-

---

[12] Herman Ooms, *Tokugawa Ideology, Early Constructs, 1570–1680*. Princeton (New Jersey), Princeton University Press, 1989, S. 224.

[13] Ibid, S. 103 und 222–28.

[14] Ibid, S. 231–32.

mus und einem Viertel Buddhismus zusammengesetzt sein sollte.[15]

Der Dichter Basho

Selbst in der an strenge Gesetze gebundenen Feudalgesellschaft konnte die grundlegende Freiheit des menschlichen Geistes nicht vollständig unterdrückt werden. Der große Haiku-Meister Matsuo Basho (1644 – 94) ist ein Beweis dafür. Er wurde in ein weniger einflussreiches Samurai-Geschlecht hineingeboren. Mit Anfang zwanzig gab er dieses Leben jedoch auf, um Dichter zu werden, und nahm den Künstlernamen „Basho" (Bananenstaude) an. Sein Leben und Handeln stand im Widerspruch zu allem, was das Shogunat durch strenge Gesetze herbeizuführen versuchte. Eine Zeit lang ließ er sich im Zen unterrichten, was vermutlich seine spätere Einstellung zum Leben prägte. Er beschloss, seine poetische Kreativität durch Reisen anzuregen und zu schärfen, und besuchte begeistert berühmte Schreine und Tempel. Anfang Herbst 1684 reiste er nach Ise und hielt seine Eindrücke in folgenden Worten fest:

> Ich besuchte den Äußeren Schrein abends, kurz bevor es dunkel wurde. Das erste Tor des Schreins lag im Schatten und die Lichter flackerten im Hintergrund. Als ich da stand und dem Rauschen der Pinien auf den umliegenden Bergen lauschte, fühlte ich mich zutiefst bewegt.
>
> In der vollkommenen Dunkelheit
> Einer mondlosen Nacht
> Braust ein kraftvoller Wind
> Durch die alten Zedern.
>
> An meinem Gürtel trage ich nichts, was aus Metall ist, und der Sack auf meiner Schulter ist alles, was ich bei mir habe. Mein Kopf ist glattrasiert, und ich habe eine Kette aus Perlen in meiner Hand. In der Tat bin ich wie ein Priester gekleidet, aber ein Priester bin ich nicht, da

---

[15] Tsunoda: *Sources of Japanese Tradition*. S. 585.

> der Staub der Welt noch immer an mir klebt. Der Wächter des Inneren Schreins ließ mich nicht zum heiligen Sitz der Göttin gehen, da mein Aussehen dem eines buddhistischen Priesters glich.[16]

Buddhistischen Priestern den Zutritt zum Heiligtum von Ise zu verwehren war in jener Zeit keine Seltenheit und wurde schon lange vorher so gehandhabt. Der Mönch Muju Ichinen (1226–1312) berichtete Ähnliches. Er beobachtete, dass in Ise „Worte, die mit den drei Schätzen des Buddhismus in Verbindung standen, verboten waren“, und dass „Mönche sich nicht den heiligen Gebäuden nähern durften“.[17] Die kaiserlichen Prinzessinnen, die als Priesterinnen in Ise dienten, durften tatsächlich bestimmte Tabuwörter nicht verwenden, wie zum Beispiel „Geburt“, „Krankheit“ und „Tod“, sowie „Tränen“ und „Blut“. Die Liste der verbotenen Wörter enthielt außerdem Begriffe, die mit dem Buddhismus zu tun hatten, wie „Buddha“, „*Sutra*“, „Mönch“ und „Nonne“. Anstelle von „Buddha“ sprachen die Priesterinnen vom „Mittleren Kind“ (vielleicht, weil Buddha meist mit einem Bodhisattva an jeder Seite dargestellt wurde), die *Sutras* wurden „gebleichtes Papier“ genannt (da buddhistische *Sutras* auf feinem, mit pflanzlichen Bleichmitteln gebleichtem Papier geschrieben wurden, das man zuweilen mit Gold oder Silber bestäubte) und Mönche wurden als „die Langhaarigen“ bezeichnet (obwohl sie sich in Wirklichkeit die Köpfe rasierten). Die Praxis der Vermeidung von Tabuwörtern zeigt, dass Shinto und Buddhismus im Ise-Schrein immer noch als getrennte Glaubensrichtungen betrachtet wurden, wenngleich es Versuche gab, die Gottheiten des Schreins mit Buddhas oder Bodhisattvas zu verschmelzen.

---

[16] Matsuo Basho: „The Records of a Weather-exposed Skeleton“. Ins Englische übertragen von Noboyuki Yuasa: *The Narrow Road to the Deep North and Other Travel Sketches.* Harmondsworth, Middlesex, Penguin Books, 1966, S. 53–54.

[17] Robert Morell: *Sand and Pebbles.* Aus dem Japanischen ins Englische übertragen. Albany (New York), State of New York University Press, 1985, S. 72.

Basho verbrachte den Sommer des Jahres 1690 in einer einfachen Hütte am Biwa-See. Dort schrieb er: „In der Nähe liegt ein alter Schrein, der meine Sinne so rein macht, dass ich mich vom Staub der Welt befreit fühle“[18] – eine Empfindung, die zeitlos ist.

Die Entwicklung der Volksethik

In Friedenszeiten floriert die Wissenschaft. Nicht nur die Gelehrten, die den Feudalherren unterstellt waren, entwickelten ihre eigenen ethischen Lehren, sondern auch die Stadtbewohner. So war es zum Beispiel üblich, dass sich Kaufleute in ihrer Freizeit der Wissenschaft widmeten. Die dabei entstandenen Lehren sind oftmals stark vom Rationalismus geprägt. Einer dieser Kaufmannsphilosophen, Ishida Baigan (1685–1744), versuchte, die Moral unter einfachen Männern und Frauen zu heben. Er gründete die **Shingaku**-Schule (Lehre des Geistes), die in schlichter Sprache lehrte, „wie man das Leben eines Weisen führt“. Indem er alles, was er für nützlich und gut befand, aus Buddhismus, Konfuzianismus und Shinto übernahm, entwickelte Baigan eine praktische Moralphilosophie, nach der man sich vor allem in den drei Tugenden der Genügsamkeit, Ehrlichkeit und Nachsichtigkeit üben sollte. Er lehrte, dass jeder Mensch in der Lage sei, einen gewissen Grad an spirituellem Gleichgewicht zu erlangen, ganz gleich, welcher sozialen Klasse er angehörte. Zudem versicherte er, dass das Handeltreiben und Streben nach Gewinn nicht im Widerspruch zum himmlischen Weg stünde.[19]

---

[18] Basho: „Prose Poem on the Unreal Dwelling“. In Donald Keene (Hrsg.): *Anthology of Japanese Literature.* New York, Grove Press, 1955, S. 374.
[19] Okada: *Nihon no rekishi*, 9: S. 106.

Der Status der Frau

Die neokonfuzianische Morallehre betonte die unterschiedlichen Funktionen der beiden Geschlechter und wies Mädchen und Frauen eine untergeordnete Stellung in der Gesellschaft zu. Obwohl die Redewendung „danson johi“ (respektiere die Männer, verachte die Frauen) auch zu einem späteren Zeitpunkt entstanden sein kann, setzte man dieses Prinzip zweifelsohne bereits während der Edo-Periode in die Tat um. Natürlich war die Not der Frauen je nach sozialem Status, finanzieller Lage und persönlichen Lebensumständen unterschiedlich groß. Im Allgemeinen aber war es um den sozialen und spirituellen Status der Frauen mehr als schlecht bestellt. Die Ehefrauen der Samurai standen unter dem großen Druck, Söhne zu gebären, da nur ein Sohn, in der Regel der erstgeborene, die Linie der Familie fortführen konnte. Bekam eine Frau keinen Sohn, bedeutete dies den Untergang der Familie. Blieb ein Feudalherr ohne männlichen Nachwuchs, wurden sein Land und seine Untertanen vom Shogunat beschlagnahmt. Um diesem Schicksal zu entgehen, nahmen sie sich ganz unverhohlen Konkubinen und degradierten ihre Frauen damit zu wenig mehr als Gebärmaschinen.

Der neokonfuzianische Gelehrte Kaibara Eikiken (1630–1714) verbreitete die moralische Lehre der Selbstkultivierung in einfach verständlicher Sprache in allen gesellschaftlichen Schichten, besonders aber unter Frauen und Kindern.[20] Die berühmte Schrift *Onna Daigaku* (*Großes Lernen für die Frauen*), das auf Eikikens Lehre basiert, war ab 1710 weit verbreitet. Das von einem anonymen Autor in Anlehnung an Eikikens Schriften verfasste Büchlein lehrt, dass die Tugend der Unterwerfung die lebenslange Pflicht eines Mädchens sei. Bis zu seiner Heirat muss ein Mädchen seinem Vater und seiner Mutter Respekt zollen, und nach seiner Heirat muss es seine Schwie-

[20] Tsunoda: *Sources of Japanese Tradition*. S. 374.

gereltern ehren. Der Ehemann ist der „Herr“ einer verheirateten Frau, ihm muss sie „mit all ihrer Hingabe und Ehrerbietung dienen“. Als die „fünf Krankheiten, mit denen Frauen geschlagen sind“, werden „Ungelehrigkeit“, „Unzufriedenheit“, „Verleumdung“, „Eifersucht“ und „Dummheit“ aufgezählt. Eine Frau konnte ihren Eltern „zurückgegeben“ werden, wenn sie sich einem der „sieben Gründe für eine Scheidung“ schuldig gemacht hatte. Zu diesen zählten beispielsweise der Ungehorsam gegenüber ihren Schwiegereltern, Kinderlosigkeit, Unzucht, Eifersucht oder ansteckende Krankheiten wie etwa Lepra. Nur die Familie des Ehemannes hatte das Recht, die Scheidung einzureichen.[21]

Trotzdem scheint es Wege gegeben zu haben, der Unterdrückung einer Ehe zu entkommen. Der Tokeiji-Tempel in Kamakura und der Mantokuji-Tempel in der heutigen Präfektur Gunma waren zwei buddhistische Nonnenklöster, in denen unglücklich verheiratete Frauen Zuflucht finden konnten.[22] Diese Tempel fungierten als eine Art Scheidungsgericht und konnten Ehemänner dazu „verurteilen“, die Scheidungspapiere auszustellen.

Das vorherrschende Klima, in dem der Status der Frauen immer mehr untergraben wurde, überschattete auch die Lehre der universalen Errettung, die von den Kamakura-Schulen verkündet wurde (siehe Kapitel 4). Nach und nach schlichen sich frauenfeindliche Ansichten wieder vermehrt ins buddhistische Gedankengut ein. Ein eindrückliches Beispiel dafür war die Übernahme eines zweifelhaften *Sutra* aus China, des *Ketsubon-kyo* („Sutra über die Blutteich-Hölle“). Manche buddhistische Tempel verwendeten dieses *Sutra*, um ihre Be-

---

21 Siehe *Women and Wisdom of Japan*. London, John Murray, 1914, S. 36, 38 und 44. Weder der Name des Autors noch der des Übersetzers ist überliefert.

22 Inoue Zenjo: *Tokeiji to kakekomi onna* (*Der Tokeiji-Tempel und Frauen, die dort Zuflucht nehmen*). Tokyo, Yurindo, 1985. Für eine Fallstudie siehe D. E. Wright: „Severing the Karmic Ties that Bind: The ‚Divorce Temple‘ Mantokuji“, Monumenta Nipponica 52.3, 1997, S. 357–80.

hauptung zu untermauern, dass Frauen durch das bei einer Geburt oder während der Menstruation verlorene Blut die Erde und das Wasser verseuchten und deshalb in die Hölle kämen, wenn nicht ein buddhistischer Priester die richtigen Rituale durchführe.[23] Die volksreligiösen Bewegungen, die sich gegen Ende des achtzehnten und zu Beginn des neunzehnten Jahrhunderts entwickelten (siehe Kapitel 7), waren teilweise eine Reaktion auf diese Art von irrationaler Unterdrückung der Frau. Viele der strikten Einschränkungen, denen eine Frau während ihrer Menstruation unterworfen war, wurden erst 1872 durch das Dekret der Meiji-Regierung aufgehoben.

Die Entdeckung der „Lehre des Landes" (Kokugaku)

Über die Jahrhunderte hinweg hatten die Hofgelehrten das Studium der japanischen Klassiker am Leben gehalten und sich mit Werken wie der *Kokin*-Gedichtsammlung, der *Geschichte von Ise* oder der *Geschichte von Genji* beschäftigt. Das Studium dieser Schriften war die Grundlage einer während des achtzehnten Jahrhunderts aufkommenden Bewegung, die sich wieder auf das religiös-kulturelle Erbe des alten Japan zurückbesann und unter dem Namen „Lehre des Landes" (**Kokugaku**) bekannt wurde. Der Umstand, dass sich eine bestimmte Gruppe Neokonfuzianer wieder mit den ursprünglichen Lehren des Konfuzius und des Mengzi auseinandersetzte, scheint teilweise der Auslöser für die Wiederentdeckung der alten ethisch-kulturellen Wurzeln Japans gewesen zu sein.

Die Kokugaku-Bewegung wurde von Kada Azumuro (1669–1736), dem Oberpriester des Fushima-Inari-Schreins in Kyoto, in Gang gesetzt. Dieser widmete sich intensiv dem

[23] Myata Noboru: Kami no minzokushi (*Ethnographie der Götter*). Tokyo, Iwanami Shoten, 1979, S. 81–87.

Studium der japanischen Klassiker. Azumuro kam zu der Überzeugung, dass eine Schule gegründet werden sollte, die sich ausschließlich mit diesen alten Schriften beschäftigte. Azumaros Schüler Kamo Mabuchi (1697–1769) war der Meinung, dass das *Man'yo-shu*, eine japanische Gedichtsammlung aus dem achten Jahrhundert, das Ethos des „masuraoburi" (Männlichkeit, Offenheit und Aufrichtigkeit) enthalte, und pries dieses als die ursprüngliche Form der japanischen Werte. Mabuchis Schüler Motoori Norinaga (1730–1801) machte es sich zur Aufgabe, die *Aufzeichnungen alter Geschehnisse* (*Kojiki*) zu entschlüsseln. Dieses Vorhaben nahm dreißig Jahre seines Lebens in Anspruch. Durch seine Studien kam Norinaga zu der Überzeugung, dass das Werk die ursprüngliche, reine Form der japanischen Spiritualität enthalte, die nicht unter dem Einfluss des Buddhismus oder Neokonfuzianismus stand. Außerdem setzte er sich intensiv mit der *Geschichte von Genji* auseinander und identifizierte das darin vorherrschende Gefühl des „mono no aware" – sanftes Pathos und Mitgefühl – als die ursprüngliche Denkweise des alten japanischen Volkes.[24] Norinaga vertrat die Ansicht, dass „die Japaner und ihr Shinto, wenn sie von allen fremden Zusätzen und Einflüssen befreit werden, das unverfälschte, und deshalb das beste Erbe der Menschheit aus dem Zeitalter der Götter seien".[25]

Der „Hirata-Shinto"

Hirata Atsutane (1776–1843), der nach Norinagas Tod zum Anhänger seiner Lehren wurde, formulierte eine Shinto-Theologie, die auf einer biblischen Interpretation beruhte. Auch unter dem Tokugawa-Regime waren Schriften jesuitischer Missionare zugänglich, die in Form von chinesischen

---

24 Ibid, 9: S. 110–12.

25 Kitagawa: *Religions in Japanese History*, S. 170.

Übersetzungen von China nach Japan gelangten. Nachdem Atsutane die *Aufzeichnungen alter Geschehnisse* gelesen hatte, kam er zu dem Schluss, dass die erstgenannte Gottheit Ame-no-minaka-nushi („Herr der erhabenen Mitte des Himmels") niemand anderes sei als Gott der Schöpfer. Er erörterte die Bedeutung des Lebens nach dem Tod, wobei er die Ansicht vertrat, dass gute Seelen in den Himmel auffahren würden, während böse Seelen in das Reich der ewigen Qualen hinabsteigen würden.[26] Darüber hinaus versicherte er, dass Japan einzigartig sei, da die Götter das Land „als besonderes Zeichen ihres Wohlwollens" geschaffen hätten. Dies begründete Atsutane folgendermaßen: „Bei der Schöpfung schufen Götter alle Länder der Erde, und diese Götter sind ausnahmslos in Japan geboren worden. Japan ist also die Heimat aller Götter und deshalb nennen wir es das Land der Götter."[27]

Atsunes radikale, aber einfach verständlich formulierte Lehre, die sich auf Japan konzentrierte, fand bald etliche Anhänger. In der Zeit, in der Atsunes Adoptivsohn Kanetane als Prediger tätig war, zählten bereits mehr als 3700 Menschen zu seiner Anhängerschaft. Der unveränderliche Kern der „nativistischen" Sichtweise war die Überzeugung, dass das alte ethisch-religiöses Erbe Japans fremden religiösen Traditionen überlegen sei. Die alten kulturellen Wurzeln Japans, die im „reinen" (d. h. ursprünglichen) Shinto zu finden sind, wurden zur Bezugsquelle der japanischen Selbstidentität. Die Ideologie der „Rückkehr zum Alten" (*fukko*) wurde zu einer der treibenden Kräfte in der „Pro-Kaiser, Anti-Ausländer"-Kampagne, die letztlich zum Sturz des Tokugawa-Shogunats führte.[28] Außerdem bildete sie die Grundlage für die Etablie-

[26] Ishida: *Shinto shiso-shu*, S. 300.

[27] Hirata Atsutane: „The Land of the Gods". In Tsunoda: *Sources of Japanese Tradition*, S. 544.

[28] Okada: *Nihon no rekishi*, 9: S. 112–13.

rung des Shinto als Staatsreligion während der Meiji-Periode (1868–1912) und danach.

Der lebendige Buddhismus

Der Buddhismus hatte sich zwar als halboffizielle Religion etabliert, seine spirituelle Vitalität wurde jedoch von denjenigen aufrechterhalten, die der Tradition auch weiterhin Leben einhauchten und sie zu einem lebendigen Glauben machten. Suzuki Shozan (1579–1655), ein Samurai und Priester der Soto-Schule, setzte sich für die Verbreitung des Zen-Buddhismus in allen sozialen Schichten ein. Zudem versuchte er, das Shogunat dazu zu bewegen, den Zen-Buddhismus zur offiziellen Religion zu erheben, wenngleich sein Versuch erfolglos blieb. Zwei Meister des Rinzai-Zen, Bankei Eitaku (1622–1693) und Hakuin Ekaku (1685–1768), verbreiteten die Botschaft des Buddhismus in einfacher Sprache unter dem gewöhnlichen Volk. Hakuin, der die *koan*-Praxis systematisierte und sie für jeden Interessierten zugänglich machte, gilt als derjenige, der dem Rinzai-Zen zu neuem Leben verhalf.

Jiun Onko (1718–1804), ein buddhistischer Shingon-Priester und Gelehrter des Sanskrit, belebte die Vinaya-Praxis (Ordensregeln) neu. Im fortgeschrittenen Alter gründete er eine Shinto-Sekte, die sowohl Shinto als auch Buddhismus als eigenständige Religionen betrachtete.

Die Wahre Schule des Reinen Landes hatte immer eine Anzahl anonymer Anhänger, die zu Ehren Amida Butsus ein spirituelles Leben in tiefster Demut, Ernsthaftigkeit und Dankbarkeit führten. Ihre einfache, aber eindrucksvolle spirituelle Erscheinung verlieh ihnen den Namen „Myokonin“ (wunderbar gesegnete Menschen).

Andere Buddhisten fanden ihre spirituelle Freiheit wiederum in einem unpolitischen Leben, außerhalb der Zwänge der Gesellschaft. Ryokan (1758–1831), ein Soto-Mönch, Kalligraph und Dichter, führte ein einfaches Leben, frei von jeglichem Besitz, während er sich gleichzeitig für das Wohlergehen anderer Menschen einsetzte.

Sengai (1750–1837), ein Rinzai-Priester, Kalligraph und Dichter, lebte in absoluter Freiheit, die er durch seine Erleuchtung (*satori*) erlangt hatte. Er fertigte eine Tuschezeichnung an, die einen Frosch unter einer Bananenstaude (basho) zeigt. Der Zeichnung ist ein Gedicht beigefügt, das auf den Dichter Basho anspielt. Eines der berühmtesten *haiku* von Basho handelt von einem Frosch, der ins Wasser springt: „Furuikeya kawazu tobikomu mizu no oto“ („Oh, alter Weiher! Der Frosch springt hinein, ‚Platsch!‘“) In Sengais Haiku heißt es: „Ike araba tonde Basho ni kikasetai“ („Wäre da ein Weiher, würde ich hineinspringen. Ich möchte, dass Basho mein ‚Platsch!‘ hört.“)[29] Das Subjekt in Sengais Gedicht und in seiner Zeichnung ist ein kleiner Frosch, der die Welt der Menschen aus seinem eigenen Blickwinkel heraus betrachtet. Im Zen-Buddhismus haben alle fühlenden und nicht-fühlenden Wesen an der Buddha-Natur Teil. Sengais humorvolles Gedicht ist ein Juwel der edo-zeitlichen Zen-Kultur, die das vom Zen vermittelte Bewusstsein mit einer heiteren Haltung gegenüber der Welt verbindet, die ihrerseits vom Mitgefühl für alle Lebewesen getragen wird.

[29] D. T. Susuki: *Zen and Japanese Culture*. Princeton (New Jersey), Princeton University Press, 1973, S. 244 und Abb. Nr. 51.

7

Die Neuzeit

Die Entstehung volksreligiöser Bewegungen

Zu Beginn des neunzehnten Jahrhunderts begann das Tokugawa-Shogunat Schwäche zu zeigen. Dies war hauptsächlich auf das Scheitern seiner Wirtschaftpolitik zurückzuführen. Die unteren Schichten der Samurai waren verarmt, während einflussreiche Kaufleute immer größeren Reichtum anhäuften. Missernten und hohe Steuern trugen zur miserablen Situation der Bauern bei. In dieser Zeit kamen zahlreiche neue volksreligiöse Bewegungen auf, deren Entstehung teils auf das soziale Chaos und teils auf den immer schwächer werdenden Einfluss des Shogunats zurückzuführen war.

Neue Sekten bildeten sich um Menschen, die außergewöhnliche religiöse Erfahrungen gemacht hatten. Dazu gehörte die Tenri-Sekte, die 1838 von einer Frau, Nakayama Miki (1798–1887), gegründet wurde, die Kurozumi-Sekte, die 1857 von Kurozumi Munetada (1780–1850) gegründet wurde und die Konko-Sekte, 1859 von Kawate Bunjiro oder „Konko Daijin“ (1814–90) gegründet. Ihre Lehren waren eklektisch – sie übernahmen Elemente aus Buddhismus, Shinto und der Yin-Yang-Kosmologie und vermischten sie mit anderen Volksbräuchen und Glaubenslehren. Allen Sekten gemeinsam war, dass ihre Gründer herausragende Heiler waren, denen die schamanistische Erfahrung einer Offenbarung zuteil geworden war. Ihre Lehren über eine positive Weltanschauung und ein Leben in Dankbarkeit machten viele ihrer Anhänger glücklich und verhalfen ihnen zu einem besseren Leben. Die Kurozumi-Sekte betonte besonders die heilende Kraft der Sonne und der Göttin Amaterasu. Zudem legten die neuen religiösen Bewegungen größten Wert auf die Gleichheit von Mann und Frau – eine Ansicht, die tief verwurzelt ist in den japanischen Volkstraditionen. Besonders in der alten shintoistischen Weltanschauung spielten Frauen, und speziell ihre spirituellen Fähigkeiten, eine unentbehrliche Rolle.[1] Die hier erwähnten Sekten gibt es auch heute noch. Die Anhänger der Tenri-Sekte gründeten südlich von Nara eine eigene Stadt, Tenri, und die Sekte zählt heute mehr als zwei Millionen Mitglieder. Auch die Konko- und die Kurozumi-Sekten erfreuen sich mit 433 000 bzw. 290 000 Anhängern großer Beliebtheit.

In den Jahren 1650, 1705, 1718 und 1771 fanden landesweite Massenpilgerfahrten nach Ise statt, die als *okagemairi* (wörtlich, Danksagungsbesuch) bekannt wurden. Das letzte und größte *okagemairi* fand jedoch 1830 statt. Es dauerte fünf Monate und jeder sechste oder siebte Japaner – sowohl Männer und Frauen als auch Kinder – nahm daran teil. Die Reisen nach Ise waren zur beliebten Volkstradition geworden und nicht einmal das Shogunat war in der Lage, gegen sie vorzugehen. Seit dem fünfzehnten Jahrhundert waren auch individuelle Pilgerreisen nach Ise – bekannt als *„Ise mairi"* – sehr beliebt. Da diese Fahrten nach Ise sehr kostspielig waren, richteten die Dorfbewohner ein gemeinsames Sparkonto ein. Immer wenn genug Geld zusammengekommen war, begaben sich ein oder zwei Repräsentanten stellvertretend für das ganze Dorf auf Pilgerreise.

Der Berg Fuji, das Symbol Japans schlechthin, wurde zur beliebten Pilgerstätte für die Anhänger der im achtzehnten Jahrhundert entstanden Fuji-Sekte. Die Sekte war bekannt

---

[1] Murakami Shigeyoshi: *Kokka Shinto* (*Staats-Shinto*). Tokyo, Iwanami Shoten, 1991, S. 70–73.

für ihre radikale Gleichstellung der Geschlechter. Frauen, denen es ja traditionell verboten war, die heiligen Berge zu besteigen, konnten an den Pilgerfahrten in den Jahren 1800 und 1860 teilnehmen.[2] Obwohl die Zahl ihrer Anhänger zurückgeht, haben die Fuji-Sekte und ihre verschiedenen Zweige bis heute überlebt.

Die Öffnung der Häfen und die Rückkehr der „versteckten Christen"

Im neunzehnten Jahrhundert begannen ausländische Schiffe, japanische Häfen anzulaufen, und das Shogunat sah sich gezwungen, die Abschließung der Häfen wieder aufzuheben. 1858 unterzeichnete das Shogunat ein Handelsabkommen mit den USA und kurze Zeit später wurden ähnliche Regelungen mit Russland, Frankreich, England und den Niederlanden getroffen. Im darauffolgenden Jahr kamen einige katholische Priester aus Frankreich, ein orthodoxer Priester aus Russland und mehrere protestantische Missionare verschiedener Glaubensgemeinschaften aus Amerika nach Japan, um als Geistliche in den Konsulaten oder anderen Einrichtungen ihrer Länder zu arbeiten. Da es den Japanern jedoch immer noch vom Shogunat verboten war, das Christentum anzunehmen, mussten die Missionare – die alle die Landessprache beherrschten – ihre Tätigkeit im Verborgenen ausüben. Sie begannen mit ihrer Arbeit in den Hafenstädten Nagasaki, Yokohama und Hakodate, in denen Gemeinden ausländischer Händler entstanden waren.

Von Beginn an arbeiteten die französischen Katholiken mit verarmten Bauern zusammen und unterstützten sie bei der Verbesserung ihrer Lebensumstände. Die protestantischen Missionare aus Amerika konzentrierten sich vor allem auf junge intellektuelle Männer aus der Klasse der Samurai.

[2] Myata: Kami no minzokushi, S. 169 – 82.

Der russisch-orthodoxe Priester Nicolai war besonders bei einer Gruppe junger Samurai in Hakodate erfolgreich.

Die katholischen Priester aus Frankreich hofften, in Nagasaki Nachfahren jener japanischen Christen zu finden, die vor dem Verbot des Christentums bekehrt worden waren – und tatsächlich wurden sie fündig. Am 17. März 1865 besuchten vierzehn oder fünfzehn Dorfbewohner aus Urakami die neu erbaute Kirche in Nagasaki. Zu Pater Bernard Petitjeans freudiger Überraschung kam einer der Besucher auf ihn zu und sagte: „Wir haben denselben Glauben wie Sie. Wo ist die heilige Statue der ‚Santa Maria'?"[3] Die japanischen Christen, die sich bis zu diesem Zeitpunkt versteckt gehalten hatten (*kakure kirishitan*), kamen an diesem Tag wieder aus dem Untergrund hervor.

Die Meiji-Restauration

Während der 1850er Jahre wurden die Stimmen gegen das Shogunat immer lauter und im darauffolgenden Jahrzehnt versammelten sich die kaisertreuen Samurai in Kyoto, um ihrem Unmut Gehör zu verschaffen. Ihre Parole „Verehrt den Kaiser, vertreibt die Barbaren" war bald überall zu hören. Kaiser Komei (Regierungszeit 1846–66) wurde vom Ehrgeiz gepackt und hoffte, die vor langer Zeit verlorene politische Macht des Thrones zurückgewinnen zu können. Im Jahr 1866 starb er jedoch an einer mysteriösen Krankheit (Gerüchten zufolge wurde er vergiftet). Mutsuhito (der zukünftige Kaiser Meiji), der zu jener Zeit gerade dem Kindesalter entwachsen war, folgte ihm auf den Thron. Im Jahr 1867 kam es in ganz Japan zu Massenunruhen. Banden rotteten sich zusammen, griffen die Herrenhäuser der lokalen Herrscher und Kaufleute an und zogen plündernd und zechend

[3] Kasahara Kazuo (Hrsg.): *Nihon shukyoshi* (*Die Geschichte der Japanischen Religionen*). Tokyo, Yamakawa Shuppansha, 1977, 2: S. 264–68.

durchs Land. Dem Tokugawa-Shogunat war jegliche Macht entglitten und Yoshinobu, der letzte Shogun, dankte im Oktober 1867 ab. Zu Beginn des Jahres 1868 wurde dem Kaiserhof die politische Macht übertragen. Dieser Machtwechsel zwischen Shogun und Kaiser ist als Meiji-Restauration bekannt. Nachdem die neue Regierung die Kontrolle übernommen hatte, legte sich die Massenhysterie allmählich wieder. Die Regierung wählte Edo – das im Juli in Tokyo („östliche Hauptstadt") umbenannt wurde – zu ihrem Verwaltungssitz und gab der neuen Ära im September den Namen „Meiji". Nachdem der Kaiser der Stadt 1868 einen kurzen Besuch abgestattet hatte, machte er den Kaiserlichen Palast – die ehemalige Burg von Edo – im März des folgenden Jahres zu seinem permanenten Wohnsitz.

Der Kaiser hatte jedoch nur eine repräsentative Funktion. Die eigentliche Macht der neuen Meiji-Regierung lag in den Händen der obersten Regierungsbeamten. Diese setzten sich aus Hofadligen und Samurai zusammen, die auf der Seite des Kaisers gestanden und erfolgreich für den Sturz des Shogunats und die Wiederherstellung der kaiserlichen Macht gekämpft hatten. Von Anfang an war die neue Regierung januskööpfig: Einerseits blickte sie nach Westen und übernahm von dort progressive Strategien, um „die Industrie zu fördern, die Wirtschaft zu festigen und eine starke Armee aufzubauen". Andererseits orientierte sie sich an Japans alten religiösen und kulturellen Werten, um eine nationalistische und konservative Agenda zu entwickeln. Diese zwei gegensätzlichen Richtungen – die Entwicklung eines modernen industriellen und kapitalistischen Nationalstaates und die gleichzeitige Besinnung auf die alten Wurzeln des Landes – vereinigten sich schließlich im Staats-Shinto (*Kokka Shinto*), dem vom Staat geförderten Schrein-System.

Die Trennung von Shinto und Buddhismus

Unter den politischen Entscheidungsträgern der frühen Meiji-Regierung waren auch Schüler des Hirata-Shinto und Anhänger der „Lehre des Landes“ (*Kokugaku*). Diese strebten eine Wiederherstellung der alten theokratischen Regierungsform an.[4] Im März 1868 erklärte die Meiji-Regierung ihre Absicht, „Kirche und Staat zu vereinen“. Sie erließ ein Dekret (***shinbutsu bunri-rei***), das Shinto und Buddhismus voneinander trennte und darauf abzielte, den Status des Shinto über den des Buddhismus zu erheben. Für die Lehren der beiden Religionen bedeutete dies, dass die Theorie über die „Manifestation der Essenz“ abgeschafft werden musste, durch die Shinto und Buddhismus jahrhundertelang miteinander verbunden gewesen waren. Dies stiftete Verwirrung, da viele Shinto-Gottheiten nun buddhistische Namen trugen, wie zum Beispiel „Gongen“ (Die Manifestation Buddhas) oder „Bosatsu“ (Bodhisattva). Außerdem beherbergten viele Shinto-Schreine buddhistische Statuen, die nun in die umliegenden buddhistischen Tempel umgesiedelt werden mussten.

Das Dekret über die „Trennung von Shinto und Buddhismus“ löste in vielen Teilen Japans eine Welle der anti-buddhistischen Gewalt aus. Als Erster wurde der Hie-Schrein (oder Hiyoshi-Schrein) angegriffen, der – als Schutzpatron des Enryakuji-Tempels auf dem Berg Hiei – der Inbegriff des shinto-buddhistischen Synkretismus war. Shinto-Geistliche und -Anhänger fielen über verschiedene Gebäude auf dem Gelände des Hie-Schreins her und zerstörten dabei wertvolle buddhistische Statuen und Bildnisse. Die Welle der Gewalt erreichte schnell auch andere Teile des Landes. Nachdem

---

[4] Martin Collcutt: „Buddhism: The Threat and Eradication“. In Marius B. Jansen und Gilbert Rozman (Hrsg.): *Japan in Transition: From Tokugawa to Meiji*. Princeton (New Jersey), Princeton University Press, 1986, S. 148–49 et passim.

der einflussreiche Honganji-Tempel und andere buddhistische Klöster eine Petition eingereicht hatten, gab die Regierung eine Erklärung ab, in der es hieß, dass mit der „Abspaltung" des Buddhismus nicht seine „Zerstörung" gemeint war. Auch wenn die Angriffe in den folgenden ein bis zwei Jahren zurückgingen, war eine gewisse Feindseligkeit gegenüber buddhistischen Tempeln noch Jahre später zu spüren.[5]

Die Verehrung des Kaisers als Kami

In den ersten Jahren der Amtszeit Meijis hatte das japanische Volk, das bis dahin an einen Shogun gewöhnt gewesen war, nur eine vage Vorstellung davon, was ein Kaiser war. Es ging sogar das Gerücht um, dass der „Sohn des Himmels" (eine andere Bezeichnung für den Kaiser) in Wirklichkeit die Wiedergeburt eines mythischen Drachenwesens sei, in dessen Spuren man Schuppen finden könne. Der schnellste Weg, dem Volk klarzumachen, dass der Kaiser tatsächlich existierte, war, die Vorstellung vom Kaiser als Nachfahre der Sonnengöttin Amaterasu wieder aufleben zu lassen.[6] Das alte Konzept des heiligen Kaisers als lebender *kami* wurde so zu neuem Leben erweckt.

Im Jahr 1872 erließ die Regierung die „Drei Prinzipien", die alle Japaner dazu verpflichteten, (1) „die *kami*-Gottheiten zu ehren und das Land zu lieben", (2) „den Weg des Himmels einzuhalten und den Weg der Menschlichkeit zu praktizieren", und (3) „dem Kaiser zu dienen und den Willen des Kaiserhofs zu befolgen". Die Regierung beauftragte sowohl Shinto-Priester als auch buddhistische Mönche und Nonnen damit, das Volk zu „erziehen". Zu diesem Zweck wurde ei-

---

[5] J. E. Ketelaar: *Of Heretics and Martyrs in Meiji Japan*. Princeton (New Jersey), Princeton University Press, 1990.

[6] Fujitani Toshio und Naoki Kojiro: *Ise Jingu*. Tokyo, San'itsu Shobo, 1960, S. 169–70.

gens eine Behörde eingerichtet – das Amt für die Große Lehre (*Daikyoin*). Mori Arinori (1847–89), ein in den USA stationierter Diplomat, und Shimaji Mokurai (1838–1911), ein Priester der Wahren Schule des Reinen Landes, der zu jener Zeit Europa bereiste, reagierten beide mit Protest auf die Vorgehensweise ihrer Regierung, durch die dem japanischen Volk eine Pseudo-Religion aufoktroyiert wurde. Das erzwungene Bündnis zwischen Buddhisten und Shintoisten war ohnehin von Anfang an zum Scheitern verurteilt gewesen, und so wurde das Amt für die Große Lehre 1875 wieder abgeschafft. Damit war der erste Versuch der Regierung, eine Staatsreligion zu etablieren, fehlgeschlagen.

Die Abschaffung alter Feste und die Einführung neuer Feste

Die Meiji-Regierung ergriff verschiedene Maßnahmen, um das Land von den Spuren des Shogunats zu befreien. Beispielsweise schaffte sie den Mondkalender ab und übernahm den gregorianischen Kalender aus dem Westen. Dieser war ab dem 1. Januar 1874 gültig. Außerdem wurden die fünf traditionellen „jahreszeitlichen Feste“ abgeschafft und neue, staatlich-anerkannte Feiertage eingeführt, wie beispielsweise der Gedenktag der Reichsgründung am 11. Februar, der Geburtstag des Kaisers Meiji am 3. November und das Erntefest am 23. November. Trotzdem konnten einige der beliebtesten traditionellen Feste wie das Pfirsichblütenfest („Mädchentag“, 3. März) und das Sternenfest (7. Juli) diese offizielle Säuberungsaktion überleben.

In ihrem Bestreben, aus Japan einen modernen Staat zu machen, hob die Regierung viele der alten Tabus auf. Die meisten der heiligen Berge durften nun auch von Frauen bestiegen werden, und buddhistischen Mönchen und Ausländern wurde es erlaubt, das innere Heiligtum des Ise-Schreins zu betreten. Zudem hielt die Regierung viele der volksreligiösen Bräuche für „altmodisch“ und verbot Rituale wie die „Verehrung des Schutzgottes der Grenzen“ (*dosojin*), den *nenbutsu*-Tanz und das Fest des Bodhisattvas **Jizo** (Beschützer der Kinder). Viele dieser religiösen Symbole und Feste sind heute so gut wie vergessen. Auch Medien und Schamanen verbot die Regierung, ihre Tätigkeiten auszuüben. Dieser Prozess der Vereinheitlichung hatte zur Folge, dass die vielfältigen einheimischen Bräuche und Rituale mehr und mehr verschwanden.

Die Aufhebung des Verbots des Christentums

Auch nach dem Sturz des Shogunats im Jahr 1867 blieb das Verbot des Christentums vorerst bestehen. 1868 wurde der hohe Regierungsbeamte Kido Takayoshi in das überwiegend christliche Dorf Urakami gesandt, um den Dorfbewohnern Folgendes zu verkünden: Da die Japaner die Nachfahren der Sonnengöttin Amaterasu seien, wäre es ihre Pflicht, den Kaiser, die Vaterfigur des Landes, zu verehren, und es sei falsch, eine fremde Religion anzunehmen, da die katholischen Priester in Wirklichkeit nur das Land übernehmen wollten.[7] Bemerkenswerterweise hielten alle der 3000 christlichen Dorfbewohner an ihrem Glauben fest und nahmen in Kauf, in verschiedene Teile des Landes verbannt zu werden. Mehr als 600 von ihnen wurden im Exil zu Tode gefoltert oder starben aufgrund der schlechten Lebensbedingungen, und mehr als 1000 schworen ihrem Glauben letztendlich doch ab.

Ungefähr zur selben Zeit, gegen Ende des Jahres 1871, begab sich eine Delegation hochrangiger Regierungsmitglieder unter der Leitung Iwakura Tonomis auf eine zweijährige Reise durch die Vereinigten Staaten und Europa. Ziel dieser „Iwakura-Mission“ war es, die Organisation der westlichen

---

[7] Ibid, S. 170.

Länder zu erkunden, um später jene Elemente zu übernehmen, die zu Japan passten. Auf diese Weise sollte Japans Status in der Welt gehoben werden. Als die Delegierten mit eigenen Augen sahen, welch große Rolle das Christentum in den von ihnen bereisten Ländern spielte, wurde ihnen bewusst, wie beschämend die Nachricht aus ihrer Heimat von der Ermordung der Christen von Urakami war. Sie telegrafierten nach Tokyo, dass die Hinrichtungen umgehend zu stoppen seien.[8] Das Verbot des Christentums in Japan wurde im Februar 1873, noch während die Iwakura-Mission im Ausland weilte, aufgehoben. Die Christen, die das Exil überlebt hatten, kehrten triumphierend nach Urakami zurück. Jene, die ihrem Glauben abgeschworen hatten, bereuten ihren Entschluss und durften zum Katholizismus zurückkonvertieren.

Die Erfindung des Staats-Shinto

Nachdem der erste Versuch, den Shinto als Staatsreligion zu etablieren, gescheitert war, versuchte die Regierung auf subtilere Weise, ihr Ziel zu erreichen. Sie trennte „religiöse Bräuche" (besonders die Bräuche der „Bergkult-Sekten", einschließlich der Ableger der Fuji-Sekte) und „Rituale" voneinander, schaffte Erstere ab und behielt Letztere bei. Während der 1880er Jahre hatten die Shinto-Sekten, die als religiös betrachtet wurden, den Status eigenständiger Körperschaften und erhielten die Bezeichnung „Sekten-Shinto". Vordergründig sah es so aus, als seien diese Sekten nun endlich von der Regierung akzeptiert, in Wahrheit aber wurden sie als Hindernisse für die Etablierung eines „nationalen Kults" gesehen, der ausschließlich rituell sein sollte. Um diesen nationalen Kult abzugrenzen, nannte ihn die Regierung „Jinja" (Shinto-Schrein) anstelle von „Shinto" und

---

[8] W. E. Griffiths: *Verbeck of Japan, A Citizen of No Country.* New York, Chicago und Toronto, Fleming H. Revell, 1900, S. 264.

bestand darauf, dass die Rituale des Jinja „keine Religion (*shukyo*), sondern ein nationaler Kult (*saishi*)“ seien.[9]

Die Meiji-Verfassung und das Kaiserliche Erziehungsedikt

Die Vorstellung vom göttlichen Kaiser war in die Meiji-Verfassung von 1889 mit eingearbeitet. Im ersten Artikel heißt es: „Der japanische Staat wird für ewige Zeiten ununterbrochen von Kaisern regiert und beherrscht.“ Der zweite Artikel lautet: „Der Kaiser ist heilig und unverletzlich.“ Der achtundzwanzigste Artikel regelte die Religionsfreiheit: „Die Untertanen genießen, soweit es nicht gegen Frieden und Ordnung verstößt, und nicht ihren Pflichten als Untertanen Abbruch tut, Freiheit des religiösen Glaubens.“ Diese eingeschränkte „Religionsfreiheit“ ließ der Regierung genügend Spielraum, um später diejenigen zu verfolgen, die sich nicht den Maßnahmen der Regierung zur Meinungszensur beugten, und sie wegen *Majestätsbeleidigung*, einem Verstoß gegen die Unverletzlichkeit des göttlichen Kaisers, vor Gericht zu stellen.

Im darauffolgenden Jahr erließ die Regierung das *Kaiserliche Erziehungsedikt*. Durch das Edikt sollte jedem japanischen Kind der Gedanke eingeimpft werden, dass der Kaiser heilig und die „Vaterfigur“ des japanischen Volkes sei.[10] Sämtliche Schulen im Land erhielten eine Kopie des Edikts, die in einem eigens dafür errichteten Schrein aufbewahrt wurde. Jedem Schüler wurde beigebracht, der Schrift äußerste Ehrfurcht entgegenzubringen.

Schon kurz nach seinem Erlass geriet das *Kaiserliche Erziehungsedikt* in Konflikt mit dem Christentum. Im Januar 1891 weigerte sich der christliche Lehrer Uchimura Kanzo

---

[9] Murakami: *Kokka Shinto*, S. 17–19.

[10] Das Dokument war zu großen Teilen von Motoda Nagazane (oder Eifu), einem devoten konfuzianischen Royalisten, ausgearbeitet worden.

(1861–1930), sich bei einer Feier der renommierten Ersten Höheren Schule in Tokyo vor der Schrift zu verneigen. Die Presse griff diesen Vorfall auf und bauschte ihn solchermaßen auf, dass eine landesweite Debatte darüber ausgelöst wurde, ob sich das Christentum mit dem japanischen Erziehungssystem vereinbaren ließe. Obwohl Uchimura gezwungen wurde, den Lehrerberuf aufzugeben, verteidigten führende Christen wie Uemura Masahisa (1857–1912) und Ebina Danjo (1856–1937) den christlichen Glauben. Letztendlich bewirkte der „Fall Uchimura", dass das Christentum in Japan gestärkt wurde. Im Jahr 1899 erließ die Regierung ein Dekret, das den christlichen Glauben offiziell als Religion anerkannte. 1912 berief der Innenminister eine Konferenz der „drei Religionen" – Buddhismus, Shinto und Christentum – ein und zwang die Teilnehmer, dem Staat ihre Treue zu geloben. Auf diese Weise war das Christentum zwar offiziell anerkannt, gleichzeitig war es aber auch ein Teil des politischen Systems, das auf den Kaiser ausgerichtet war, und erfolgreich in den Nationalkult eingegliedert, der sich auf die Verehrung der Shinto-Schreine konzentrierte.

Das Christentum im modernen Japan

Der Sozialkritiker Yamaji Aizan (1864–1917) machte die oft zitierte Beobachtung, dass die Söhne der ehemaligen Samurai, die zur Zeit der Meiji-Restauration auf der Seite des Shogunats gestanden hatten – und das Shogunat hatte sich als „falsche" Seite erwiesen –, dazu neigten, das Christentum anzunehmen, da sie wenig Vertrauen in den Erfolg der neuen Regierung setzten.[11] In der Tat waren viele einflussreiche Christen Japans, wie Uemara Masahai und Uchimura Kanzo, Söhne hochrangiger Samurai-Geschlechter. Für sie bezog das Christentum

[11] Dohi Akio: *Nihon Purotesutanto Kirisutokyoshi* (*Die Geschichte des Japanischen Protestantismus*). Tokyo, Shinkyo Shuppansha, 1980, S. 43.

seine Attraktivität aus seiner universalen Orientierung und aus seiner Lehre, die die gottgegebene Würde des Individuums und seine unverletzlichen Menschenrechte betonte. Uemara unternahm viel, um den Japanern das Christentum näher zu bringen. Gemeinsam mit anderen gelehrten Christen übersetzte er die Bibel ins Japanische. Außerdem gründete er in Tokyo ein protestantisches Seminar, in dem spätere Generationen japanischer Pastoren ausgebildet wurden. Uchimura Kanzo trat für eine christliche Spiritualität ein, die nicht unter den Zwängen einer organisierten Kirche stand. Viele japanische Christen studierten in Europa und den Vereinigten Staaten und wurden zu Fürsprechern des westlichen Humanismus und der Demokratie. Dies trug dazu bei, dass sich viele derer, die sich um das Wohlergehen der Gesellschaft sorgten, vom Christentum angezogen fühlten.

Der Katholizismus verbreitete sich vor allem in den weniger privilegierten Schichten, da sich Priester und Nonnen hauptsächlich darauf konzentrierten, mittels sozialer Arbeit neue Mitglieder für ihre Glaubensgemeinschaft zu gewinnen. Sie richteten Kranken- und Waisenhäuser ein und brachten den Menschen innovative land- und milchwirtschaftliche Verfahren bei. Gleichzeitig drang der Katholizismus auch in die oberen Gesellschaftsschichten vor, da die katholische Mission zahlreiche renommierte Schulen gründete, die sich besonders durch die Verbesserung der Bildungsmöglichkeiten für Frauen und Kinder auszeichneten.

Das Christentum konnte in Japan nie richtig Fuß fassen und die japanischen Christen (Protestanten und Katholiken zusammengerechnet) machen heute nur ein Prozent der Gesamtbevölkerung aus. Trotzdem kann der Einfluss, den das Christentum auf das moderne Japan hatte, keinesfalls vernachlässigt werden, da viele der führende Intellektuellen und Pädagogen Christen waren. Niijima Jo (1843–90), der 1864 heimlich nach Amerika reiste, um dort zu studieren, war beispielsweise getaufter Protestant. 1875, ein Jahr, nachdem er nach Japan zurückgekehrt war, gründete er die Doshisha (die heutige Doshisha-Universität) in Kyoto. Eine kleine, aber einflussreiche Gruppe von Japanern fühlte sich von der christlichen Lehre der universalen Liebe und der Tugenden der Barmherzigkeit, Demut und Selbstlosigkeit inspiriert. Zu ihnen gehörte der Politikwissenschaftler Nanbara Shigeru (1889–1974), der unter dem Einfluss von Ebina Danjo und Uchimura Kanzo zum Christentum konvertierte. Nach dem Zweiten Weltkrieg wurde Nanbara Präsident der Universität von Tokyo und kämpfte an vorderster Front für die Reformierung des Bildungssystems.

Spirituelle Bewegungen unter führenden Intellektuellen

Die Trennung von Shinto und Buddhismus gab einigen beunruhigten Buddhisten Anlass, über den Zustand ihrer Religion nachzudenken. Ein Regierungsbeschluss aus dem Jahr 1872, der es buddhistischen Geistlichen „erlaubte", „Fleisch zu essen, zu heiraten und ihre Haare wachsen zu lassen", stellte eine grundlegende Gefahr für die Integrität buddhistischer Regeln dar. Um dieser Bedrohung entgegenzuwirken, riefen buddhistische Führer wie Fukuda Gyokai (1806–88), ein Priester des Reinen Landes, der Shingon-Priester Shaku Unsho (1827–1909) und der ehemalige Soto-Zen-Mönch und Bürgerrechtler Ouchi Seiran (1845–1918) eine Bewegung ins Leben, die die authentische buddhistische Praxis fördern sollte. Ganz besonders bemühten sie sich darum, Laien zur Ausübung des Buddhismus zu ermuntern.

Die intellektuelle Welt der Meiji-Zeit ist besonders dadurch gekennzeichnet, dass sich viele ihrer führenden Denker auf einer spirituellen Suche befanden. Dies rührte möglicherweise daher, dass sich die Gesellschaft in dieser Zeit rapide veränderte und das traditionelle Selbstbild der Japaner mehr und mehr verschwand. Takayama Chogyu (1871–1902), ein akademisch gebildeter Kolumnist und Mitglied der gesellschaftlichen Elite, erregte großes Aufsehen, als er zum Nichiren-Buddhismus konvertierte. Aus Unzufriedenheit mit der Nichiren-Schule gründete Tanaka Chigaku (1861–1939) im Jahr 1914 die Kokuchukai, eine Laienbewegung, die die Rückbesinnung auf Nichirens wahre Lehren zum Ziel hatte.

Kiyozawa Manshi (1863–1903), ein Priester der Wahren Schule des Reinen Landes, der unter Ernest F. Fenollosa (1852–1908) an der Kaiserlichen Universität in Tokyo westliche Philosophie studiert hatte, lebte streng nach den Regeln des Buddhismus – ähnlich wie es die Mönche im alten Indien getan hatten. Sein zutiefst spirituelles Leben zog viele Gleichgesinnte an. 1901 begann die um ihn entstandene Gruppe, die Zeitschrift *Seishinkai* („Die Spirituelle Welt") herauszugeben, von der die jüngeren Generationen dieser Zeit stark beeinflusst wurden. Tsunashima Ryosen (1873–1907) unterzog seine spirituellen Erfahrungen einer ethisch-anthropologischen Prüfung und erregte mit seiner Beschreibung eines mystischen Erlebnisses die Aufmerksamkeit jener, die sich auf einer spirituellen Suche befanden. Nishida Tenko (1872–1968), der eine ideale und gerechte Gesellschaft anstrebte, kam zu der Überzeugung, dass die „spirituelle Unschuld" der Urzustand aller Wesen sei. Im Jahr 1905 gründete er Itto-en, eine in Kyoto ansässige Gemeinschaft von Suchenden, die auch heute noch großen Zulauf hat.

Viele Intellektuelle der Meiji-Periode fühlten sich vom Zen-Buddhismus angezogen. Der gefeierte Romanautor Natsume Soseki (1867–1916) interessierte sich für die Zen-Praxis, obwohl er sie nie aktiv ausübte. Suzuki Teitaro (1870–1966; besser bekannt als Daisetz T. Suzuki), der unter dem Zen-Meister Shaku Soen (1859–1919) im Engakuji-Tempel in Kamakura studiert hatte, veröffentlichte zahlreiche Werke über den Buddhismus auf Japanisch und Englisch. Heute gilt er als einer der Ersten, die den Buddhismus in die westliche Welt brachten. Shaku Soen, der 1893 als Vertreter der japanischen Zen-Tradition an der Versammlung des Weltparlaments der Religionen in Chicago teilnahm, reiste zweimal in die Vereinigten Staaten und nahm Amerikaner in den Kreis seiner Schüler auf. Auch der Philosoph Nishida Kitaro (1870–1945) – ein enger Freund von D.T. Suzuki – war praktizierender Zen-Buddhist. Sein Glauben inspirierte ihn zu seiner philosophischen Lehre über die „Einheit“ der Gegensätze – wie Raum und Zeit, Geist und Materie, subjektives und objektives Bewusstsein oder der Einzelne und die Welt. Der Schriftsteller Kurata Hyakuzo (1891–1943) repräsentierte die jüngere Generation der spirituell Suchenden, und seine Werke hatten in der Taisho-Periode (1912–26) großen Einfluss auf die Studenten.

Spricht man vom spirituellen Leben der Meiji-Periode, darf man auf keinen Fall außer Acht lassen, welch einzigartigen Beitrag Hiratsuka Raicho (1886–1971), die „Mutter“ der japanischen Frauenbewegung, geleistet hat. Hiratsuka war eine erfahrene Praktizierende des Zen und ihre Erweckung wurde von zwei Zen-Meistern bei unterschiedlichen Gelegenheiten bestätigt. Die Erfahrungen, die ihr durch den Zen zuteil geworden waren, schenkten Hirutsaka Lebenskraft und formten ihre egalitäre Weltanschauung. Sie gründete einen literarischen Zirkel, dessen Mitglieder sozial engagierte Frauen waren, und gemeinsam gaben sie ab 1911 die Zeitschrift Seito („Blaustrümpfe“) heraus. Im Vorwort der Erstausgabe erklärt Hiratsuka: „Im Altertum waren wir Frauen die strahlende Sonne.“ Ihr gesamtes Leben lang war sie sozial sehr engagiert und unterstützte beispielsweise Bewegungen gegen Atomwaffen oder nahm an einer Demonstration gegen den Vietnam-Krieg teil. Ihr unbezähmbarer Geist war ein gutes Beispiel für die Kraft der weiblichen Spiritualität, in der die Erinnerung an den alten Volksglauben, verbunden mit formaler religiöser Disziplin und spiritueller Erweckung, nachhallt.

Die Wissenschaft und der buddhistische Glaube

Nachdem japanische Wissenschaftler begonnen hatten, westliche Forschungsmethoden zu übernehmen, florierte das Studium der Religionen während der Meiji-Periode. Durch die Arbeit von Wissenschaftlern wie Anesaki Masaharu (1873–1949), der die Disziplin der Religionswissenschaft an der Kaiserlichen Universität in Tokyo einführte, wurde den ursprünglichen buddhistischen Bräuchen große Aufmerksamkeit zuteil. Dies führte zu einer neuen religiösen Bewegung, die sich auf den ursprünglichen Buddhismus zurückbesann und so der japanischen Religiosität eine weitere Dimension hinzufügte. Im Jahr 1924 begann man, buddhistische Schriften zu sammeln und in chinesischer Sprache zu veröffentlichen. Diese unter dem Namen *Taisho Sinshu Daizokyo* bekannte Sammlung ist für jeden Schüler und Gelehrten des Buddhismus eine unverzichtbare Quelle.

Die Gründung der Omoto-Sekte

1899 gründete die Heilerin und Schamanin Deguchi Nao (1837–1918) gemeinsam mit ihrem Schwiegersohn Deguchi Onizaburo (1871–1948) die auf dem Shinto basierende Omoto-Sekte. Beide wurden häufig von *kami*-Geistern heimgesucht und besaßen außergewöhnliche Heilkräfte. Onizaburo wählte Susanoo, den jüngeren Bruder der Sonnengöttin, zum Hauptgott ihrer Sekte und brach dadurch klar mit dem vom Staat geförderten Kult der Göttin Amaterasu und der kaiserlichen Familie. Er war ein äußerst produktiver Schriftsteller und eine charismatische spirituelle Figur, und unter seiner Führerschaft erlangte die Sekte bald eine beträchtliche Präsenz. Onizaburo lehrte seinen Anhängern, wie sie ihre spirituellen Fähigkeiten weiterentwickeln konnten, um so mit den kosmischen spirituellen Kräften Kontakt aufzunehmen. Außerdem förderte Onizaburo die biologische Landwirtschaft und kreative Tätigkeiten wie das Töpfern, da dies für ihn Möglichkeiten darstellte, mit der universalen Energie in Verbindung zu treten. Dreimal versuchte die Regierung, die Sekte auszulöschen, da sie der Religionspolitik der Regierung kritisch gegenüberstand. Alle Versuche schlugen jedoch fehl und die Sekte konnte sich stattdessen sogar weiter vergrößern. Gleichzeitig entwickelten sich aus ihr andere Sekten wie Seicho no Ie (1930) und Sekai Kyuseikyo (1935), aus der wiederum die Mahikari-Sekte entstand.

Von der Taisho- zur Showa-Periode

Während der Taisho-Periode florierten demokratische und sozialistische Bewegungen und die marxistische Ideologie fand in Intellektuellenkreisen weite Verbreitung. Die Regierung befürchtete jedoch, dass diese sozialen und intellektuellen Bewegungen die Regierungsform des Landes untergraben könnten, die auf dem Glaube basierte, dass der Kaiser göttlich sei – eine Regierungsform, die „Kaiserliches System" (*ten'no-sei*), „Gemeinwesen" oder „Volkscharakter" (*kokutai*) genannt wurde. Im Jahr 1925 erließ die Regierung das Gesetz zum Schutz des inneren Friedens, das im Grunde ein Mittel zur Gedankenkontrolle darstellte. In den folgenden zehn Jahren ging die Regierung gewaltsam gegen Sozialismus, Marxismus und sogar gegen den westlichen Liberalismus vor, da sie diese Bewegungen als Bedrohung für das Kaiserliche System betrachtete.

Im Dezember 1926 starb Kaiser Taisho und Kronprinz Hirohito folgte ihm auf den Thron. Die Zeiten waren turbulent: Seit 1924 war die japanische Wirtschaft stark rückläufig und trieb auf einen absoluten Tiefpunkt zu. Teilweise war dies auf die Inflation nach dem ersten Weltkrieg zurückzuführen, die zusätzlich durch die verheerenden Folgen des Kanto-Erdbebens von 1923 verstärkt wurde, das die Regionen Tokyo und Yokahama völlig verwüstete. Im Frühjahr 1923, nach einer gedankenlosen Bemerkung des Finanzministers, stürmten die Menschen die Banken, um ihre Ersparnisse abzuheben, und trieben dadurch kleine und mittelgroße Banken in den Ruin. Das finanzielle Chaos hatte zur Folge, dass das Leben der Menschen an Stabilität verlor. Die Entstehung neuer religiöser Gruppierungen, von denen sich die meisten auf die Lehren Nichirens beriefen, war zweifelsohne auf eine allgemeine Sehnsucht nach Seelenfrieden und spirituellem Trost zurückzuführen. Im Jahr 1924 gründeten Kubo Kakutaro (1892–1944) und seine Schwägerin Kotani Kimi (1901–71) die buddhistische Laien-Sekte Reiyukai, die besonderen Wert auf die Verehrung der Ahnengeister legte. Beide Gründer besaßen schamanistische Fähigkeiten und Heilkräfte, und Reiyukai zog zahlreiche Anhänger an. Eine andere Sekte, Soka Gakkai, wurde 1930 von den beiden Lehrern Makiguchi Tsunesaburo (1871–1944) und Toda Josei (1900–50) gegründet, die der Überzeugung waren, dass der Sinn des Lebens im Streben nach Glück bestehe. Glück könne dadurch erreicht werden, dass man sich selbst in Einklang mit dem Wertesystem der Schönheit, des Wohlstands und des Guten (als Gegensatz zur Hässlichkeit, zum Leid und zum Bösen) bringt. Diese Lehre geht auf Nichirens buddhistische Lehre zurück. Aufgrund ihrer kompromisslosen oppositionellen Haltung gegenüber der Regierung wurden Makiguchi und Toda 1943 verhaftet. Makiguchi starb 1944 im Gefängnis. In der Zwischenzeit hatten sich Naganuma Myoko (1889–1957) und Niwano Nikkyo (1906–99) im Jahr 1938 von Reiyukai getrennt und eine neue Sekte, Rissho Koseikai, gegründet. Diese berief sich auf die Lehren des Lotus-Sutra. Eine weitere neue Sekte, Hitonomichi Kyodan, wurde 1925 von Miki Tokuharu gegründet, dessen Lehre hauptsächlich auf der Tradition des Berg-Asketentums basierte. Die Sekte wurde von der Regierung verfolgt und 1937 aufgelöst. Unter der Führung von Miki Tokuchika (1900–83), dem Sohn des Gründers, organisierte sie sich 1946 jedoch neu und nannte sich fortan Perfect Liberty Kyodan.

Die Etablierung des Staats-Shinto

Gemäß der kaiserlichen Familientradition muss sich ein neu eingesetzter Kaiser einer offiziellen Krönungszeremonie unterziehen. Kaiser Hirohito tat dies im November 1928. Im Jahr darauf fand das fünfundachtzigste *sengu* im Ise-Schrein statt (siehe Kapitel 2). Prächtige Zeremonien am Kaiserhof und alte Shinto-Rituale waren für das Volk, das im Schatten der wirtschaftlichen und sozialen Depression lebte, eine willkommene und erfreuliche Abwechslung. Es war eine Zeit, in der die Menschen den Shinto bereitwillig annahmen. Im Rahmen des Unterrichts besuchten Lehrer mit ihren Schülern und Studenten die lokalen Shinto-Schreine, um den *kami* ihre Ehrerbietung zu erweisen. Der „Schrein-Shinto" als Nationalkult nahm so nach und nach Form an. Im Jahr 1930 rief dieser Brauch Proteste vonseiten der Wahren Schule des Reinen Landes und der japanischen Christenvereinigung hervor, da die Lehren der beiden Glaubensgemeinschaften die Verehrung der *kami* verboten.

Die Frage, ob die Rituale in den Shinto-Schreinen religiös seien oder nicht, gewann im April 1932 an Dringlichkeit, als sich einige katholische Studenten an der von den Jesuiten gegründeten Sophia-Universität in Tokyo weigerten, an einem Ritual im Yasukuni-Schrein (siehe unten) zum Gedenken der kürzlich im Krieg Gefallenen teilzunehmen. (Vermutlich handelte es sich bei den Toten um Soldaten, die am sogenannten „mandschurischen Zwischenfall", einem von der Regierung nicht autorisierten Militärschlag in der Mandschurei, beteiligt gewesen waren.) In einer Stellungnahme erklärte die katholische Kirche, dass die christliche Lehre ihren Anhängern die Teilnahme an den Ritualen in den Shinto-Schreinen verbiete, falls sie als religiöse Akte galten. Der stellvertretende Bildungsminister antwortete daraufhin: „Die Rituale in den Shinto-Schreinen stellen keine religiösen Akte dar, sondern sind Teil des Schulunterrichts. Durch sie verleiht man seiner Vaterlandsliebe Ausdruck. Deshalb sollten persönliche religiöse Überzeugungen einen nicht davon abhalten, an den Ritualen in den Shinto-Schreinen teilzunehmen.“[12] Von diesem Zeitpunkt an wurde kein japanischer Schüler oder Student mehr von der Teilnahme an den Ritualen in den Schreinen befreit.

Der Yasukuni-Schrein

Der Yasukuni-Schrein wurde im Mai 1868 unter dem Namen Shokonsha (wörtlich „Schrein, der die Seelen zurückwinkt“) im Kyoter Stadtteil Higashiyama errichtet. Er diente dem Gedenken der Gefallenen, die für die Herbeiführung der Meiji-Restauration gekämpft hatten. Im darauffolgenden Jahr wurde der Schrein nach Tokyo überführt und an der südwestlichen Seite des Kaiserpalastes wieder aufgebaut. Zehn Jahre später erhielt er den Namen „Yasukuni“, was soviel bedeutet wie „der Frieden des Landes“, und fortan diente er als Mausoleum für gefallene Soldaten. Der Schrein gewann an Status, nachdem Japan 1894–95 erfolgreich gegen China und 1904–05 gegen Russland gekämpft hatte. Besonders während des russisch-japanischen Krieges war es wichtig, den ansonsten eher widerwilligen Soldaten klarzumachen, wie ehrenhaft es war, für den Kaiser und die Kaiserin zu kämpfen und zu sterben. Die im Krieg Gefallenen in einem Nationalschrein zu verehren, war ein Weg, die Menschen zur Selbstaufgabe und zu militärischem Patriotismus zu bewegen. Indem man den Seelen der gefallen Soldaten im Schrein eine letzte Ruhestatt gab, rechtfertigte man außerdem, wenn auch auf perverse Weise, die imperialistische Kriegsanstrengungen des Landes.

---

[12] Murakami: *Kokka Shinto*, S. 201.

Die Kriegsanstrengungen und der Staats-Shinto

In der Mitte der 1930er Jahre entwickelte sich Japan zu einer totalitären Gesellschaft, und fanatisch ultranationalistische Kräfte setzten sich mehr und mehr durch. Ab 1940 war die Regierung ganz in den Händen von Militäroffizieren, deren Ziel es war, in Asien zu expandieren. Die Ultranationalisten rechtfertigten ihr Betreiben mit den Worten des legendären Kaisers Jinmu, der einst erklärt hatte, dass die Gründung einer Hauptstadt in Japan alle Teile des Landes unter einem Dach vereinen würde (*hakku iu*) – so steht es in den *Chroniken Japans* geschrieben.[13] Das japanische Volk erkannte sehr wohl, wie anachronistisch diese Argumentation war, allerdings sah sich niemand mehr in der Lage, offen Kritik an der Regierung zu üben, wenn er nicht riskieren wollte, wegen *Majestätsbeleidigung* angeklagt, verhaftet und gefoltert zu werden.

Im Jahr 1940 wurde die Schreinbehörde (*Jinjakyoku*), die für die Verbreitung des Staats-Shinto zuständig war, in Schrein-Ausschuss (*Jingi'in*) umbenannt, und der Staats-Shinto wurde praktisch in den unantastbaren Status eines Staatsglaubens erhoben. Als Japan 1941 in den totalen Krieg eintrat, waren die Sonnenflagge (*hinomaru*) und der Ise-Schrein schon längst zu Symbolen für militärischen Erfolg geworden. Zudem hatte die Regierung den Ausdruck *kamikaze* (der „göttliche Wind", der an der Küste von Ise weht) als Bezeichnung für eine Truppe junger Piloten übernommen, die Selbstmordangriffe flogen. Alte, ehrwürdige Symbole und Begriffe wurden so an den neuen Militarismus angepasst und für dessen Zwecke verwendet.

---

[13] Aston: *Nihongi*, 1: S. 131.

Die Abschaffung des Staats-Shinto nach dem Zweiten Weltkrieg

Japans militärisches Betreiben endete mit den Katastrophen von Hiroshima und Nagasaki, wo am 6. und 9. August 1945 Atombomben abgeworfen wurden. Am 15. August 1945 kapitulierte Japan bedingungslos vor den Alliierten und beendete so den Zweiten Weltkrieg. Die alliierten Besatzungsmächte richteten das Amt des Supreme Commander for the Allied Forces (SCAP; „Oberbefehlshaber der Alliierten Streitkräfte") ein und stellten religiöse Angelegenheiten unter die Zuständigkeit der Religionsabteilung, die dem Bildungsministerium eingegliedert war. Umgehend begann man, die Spuren des Staats-Shinto zu beseitigen, da ihn der SCAP für das Herzstück des japanischen Militarismus und Ultranationalismus hielt. Im Dezember 1945 wurde die „Shinto-Direktive" erlassen, die die Trennung von Religion und Staat anordnete und den Menschen Religionsfreiheit zusicherte.[14]

Am 1. Januar 1946 widerrief Kaiser Hirohito in seiner Neujahrsrede den „Mythos", dass er ein lebender *kami* sei:

> Die Bande zwischen uns [der Kaiserfamilie] und unserem Volk beruhten immer auf gegenseitigem Vertrauen und gegenseitiger Verehrung. Sie hängen keineswegs von reinen Legenden und Mythen ab. Sie beruhen nicht auf dem Irrglauben, der Tenno sei göttlich (*akitsu kami*) und das japanische Volk anderen überlegen, oder es sei dazu bestimmt, die Welt zu beherrschen.[15]

Am 2. Februar 1946 löste der SCAP den Schrein-Ausschuss auf und setzte so dem Staats-Shinto ein Ende, der effektiv achtzig Jahre lang existiert hatte.

---

[14] W. P. Woodard: *The Allied Occupation of Japan 1945–1954 and Japanese Religions*. Leiden, E. J. Brill, 1972.

[15] Ibid, S. 316.

Die Entstehung weiterer neuer Sekten

Die durch die Direktive des SCAP neu gewonnene Religionsfreiheit brachte eine Vielzahl volksreligiöser Bewegungen hervor, und es heißt, dass alle sieben Tage eine neue religiöse Sekte entstand. Diese Welle neuer Sekten, die man „die Rush Hour der Götter" genannt hat, hielt bis in die 1950er Jahre an.[16] Ende 1951 wurden vom Bildungsministerium 720 religiöse Organisationen registriert.[17] Heute sind es bereits weit mehr als 3 000.[18]

Die vor dem Krieg gegründeten Sekten wie Soka Gakkai, Reiyukai, Rissho Koseikai und Perfect Liberty Kyodan gewannen durch den Aufschwung der religiösen Bewegungen eine Vielzahl an neuen Anhängern hinzu. Der Erfolg der religiösen Organisationen ist hauptsächlich auf die Umstrukturierung der Gesellschaft zurückzuführen, die durch die rapide Verstädterung in den 1960ern hervorgerufen wurde. Viele Menschen verließen die Dörfer auf dem Land, was zur Auflösung der traditionellen Großfamilien führte und das soziale Gefüge auseinanderbrechen ließ. Ihrer familiären Wurzeln beraubt, sehnten sich die Menschen in den Städten nach emotionalem und spirituellem Trost. So hatte zum Beispiel die Sekte Rissho Koseikai, die ihren Mitgliedern Gruppenberatungsgespräche (*hoza*) anbot, 1954 über eine Million Anhänger, und heute sind es bereits mehr als 7,6 Millionen. Die Perfect Liberty Kyodan, die Selbstverwirklichung durch künstlerische Kreativität fördert[19], zählt heute mehr als 1,2

---

[16] N. H. McFarland: *The Rush Hour of the Gods: A Study of the New Religious Movements in Japan.* New York, Evanston (Illinois) und London, Harper & Row, 1967.

[17] Kasahara: *Nihon shukyoshi,* 2: S. 362–63.

[18] Shimazono Susumu: „New Religious Movements". In M. R. Mullins, Shimazono und P. L. Swanson (Hrsg.): *Religions & Society in Modern Japan: Selected Readings.* Freemont (California), Asian Humanities Press, 1993, S. 222.

[19] McFarland: *The Rush Hour of Gods,* S. 123–44.

Millionen Mitglieder. Soka Gakkai wurde nicht nur zur religiösen Erscheinung, sondern erlangte mit einer eigenen Partei, der „Komei“, auch politische Macht. Hatte die Sekte im Jahr 1954 „nur“ 300 000 Mitglieder, zählte sie 1990 schon über 17 Millionen Anhänger.[20] Grob geschätzt gehört heute jeder fünfte Japaner einer dieser extrem erfolgreichen religiösen Bewegungen an.

Obwohl das staatlich geförderte Schrein-System der Vorkriegszeit abgeschafft worden war, konnten seine Spuren nicht vollständig beseitigt werden. Im Jahr 1956 schlossen sich 80 000 der ungefähr 110 000 Schreine zur Jinja Honcho (Gesellschaft der Shinto-Schreine) zusammen und wählten Ise zu ihrem obersten Schrein.[21] Der Status des Yasukuni-Schreins sorgte aufgrund seiner militärischen und ultranationalistischen Verbindungen auch weiterhin für Kontroversen. Ab 1955 versuchte man, die Regierung dazu zu bewegen, den Schrein unter staatliches Patronat zu stellen, und 1969 wurde dem Diet (Parlament) ein entsprechender Gesetzesentwurf vorgelegt. Da sich die meisten religiösen Organisationen massiv dagegen zur Wehr setzten, wurde er jedoch abgelehnt.[22] Die Debatte über den Status des Yasukuni-Schreins ist bis heute nicht beendet.

---

[20] Shimazono: „New Religious Movements“, S. 227. Nach eigenen Angaben zählten im Jahr 2000 rund 8 200 000 Haushalte zu den Mitgliedern von Soka Gakkai.

[21] Kasahara: *Nihon shukyoshi*, 2: S. 397.

[22] Ibid, 2: S. 332–33.

8

Japanische Religionen im neuen Jahrtausend

„Neu-neue" religiöse Bewegungen

Die rasante wirtschaftliche Entwicklung, die Japan in den 1960ern und danach durchlief, war nicht ohne die Einbuße seiner vielfältigen humanistischen, kulturellen und spirituellen Tradition möglich. Anders als die Menschen der Meiji-Periode waren die Japaner in der Nachkriegszeit viel zu beschäftigt, um sich mit moralischen und religiöse Fragen auseinanderzusetzen. In der Zwischenzeit war die Gesellschaft hochgradig leistungsorientiert geworden, und die Menschen standen ständig unter Stress – ein Umstand, der seit den späten 1970ern weitere neue religiöse Gruppierungen wie Suko Mahikari (1978), Agonshu (1981) und Aum Shinrikyo (1984) hervorgebracht hat. Diese „neu-neuen" Sekten, wie sie manchmal genannt werden, haben bestimmte Merkmale gemeinsam. Zum Beispiel sind ihre Lehren im höchsten Maße eklektisch – sie vereinen Elemente verschiedener religiöser Traditionen und spiritueller Systeme aus der ganzen Welt miteinander, ungefähr so, wie es bei den New-Age-Bewegungen im Westen der Fall ist. Im Allgemeinen versprechen diese neu-neuen Religionen ihren Anhängern irgendeine Art von mystischer Erfahrung und Heilung. Ihre Lehren sind meist auf den Einzelnen und nicht auf familiäre Strukturen ausgelegt.[1]

[1] Shimazono: „New Religious Movements", S. 227–28.

Der Aufstieg und der Untergang von Aum Shinrikyo

Am Beispiel der 1984 von Asahara Shoko gegründeten Aum-Shinrikyo-Sekte wird der problematische Aspekt religiöser Kulte deutlich. Die exotischen und mystischen Elemente der Lehre Asaharas zogen besonders gesellschaftlich isolierte, einsame und ziellose junge Menschen an. Asahara öffnete ihnen den Weg zu einer neuen Welt des spirituellen Lebens und des Mystischen. In Anlehnung an die Transzendentale Meditation behauptete Asahara, der sich selbst als „Guru“ bezeichnete, dass wahrhaft Gläubige die Fähigkeit entwickeln könnten frei zu schweben. Außerdem versprach er seinen Anhängern mystische „Reisen“, die durch den Konsum halluzinogener Drogen hervorgerufen wurden. Viele „Eingeweihte“ starben dabei an einer Überdosis. Durch Asaharas Manipulation wurden seine fehlgeleiteten Anhänger zu „Robotern“, deren Funktion es war, das von ihrem Meister prophezeite Ende der Welt herbeizuführen. Der grausame Giftgasanschlag, den einige Anhänger der Sekte im März 1995 auf die Tokyoter U-Bahn verübten, ist der Welt bis heute im Gedächtnis geblieben. Zwölf Menschen kamen dabei ums Leben und über 5 000 wurden verletzt. Bei der Verhaftung der Täter kamen die kriminellen Machenschaften der Sekte ans Tageslicht, woraufhin die meisten Mitglieder austraten. Am 18. Januar 2000 wurde Aum Shinrikyo unter dem Namen „Aleph“ neu gegründet. Aleph ist der erste Buchstabe des hebräischen Alphabets und bedeutet „Unendlichkeit“. Heute zählt die Sekte ungefähr achthundert Anhänger.

Nach Aussagen ehemaliger Mitglieder von Aum Shinrikyo waren die meisten Anhänger auf der Suche nach einem Weg, die Welt zu verbessern, wollten ihre Spiritualität vertiefen oder suchten einfach nur die Gemeinschaft gleichgesinnter Idealisten.[2] Diese im Grunde harmlosen Bedürfnisse wurden

---

[2] Kanariya no kai (Hrsg.): *Oum o yameta watakushitachi* (*Wir, die Aum Shinrikyo verließen*). Tokyo, Iwanami Shoten, 2000.

vom Gründer der Sekte schamlos ausgenutzt. Bei seinem Versuch, den Aum-Vorfall in den Kontext der jüngeren japanischen Geschichte einzuordnen, kommt der Historiker und Kritiker R. J. Lifton zu dem Ergebnis, dass die beiden radikalen Veränderungen, die die Meiji-Restauration und Japans Niederlage im Zweiten Weltkrieg mit sich brachten, ein tiefes Trauma in der Psyche des japanischen Volkes hervorgerufen haben, und dass es letztendlich diese „psychohistorische Entwurzelung" war, die dem Aum-Vorfall zu Grunde lag.[3]

Das religiöse Phänomen des Mizuko Kuyo

Ungefähr in der Mitte der 1970er Jahre kam das religiöse Phänomen auf, für abgetriebene Föten und totgeborene Kinder buddhistische Gedenkfeiern (*kuyo*) abzuhalten. Dieser Brauch wurde als „mizuko kuyo" bekannt. „Mizuko" bedeutet wörtlich „Wasserkind". Es wird vermutet, dass ungefähr zwei Drittel der japanischen Frauen zur Abtreibung als Mittel der Familienplanung gezwungen sind, da die Kosten für die Ausbildung der Kinder im modernen Japan sehr hoch sind. Eine Abtreibung ist sicherlich keine einfache Sache und kann bei jungen Müttern tiefe seelische Wunden hinterlassen. Viele dieser Frauen wenden sich an buddhistische Tempel, um Gedenkfeiern abhalten zu lassen. Angst und Schuldgefühle scheinen die Gründe für diese Zeremonien zu sein. Manche Wissenschaftler sind jedoch der Meinung, dass die Frauen hoffen, durch diesen Brauch „die Rache eines zornigen Geists" (*tatari*) abwenden zu können. Andere wiederum sehen in der Debatte um Abtreibung und *mizuko kuyo* feministische Aspekte, weil sie den Brauch als soziales Phänomen betrachten, das eine stark von Männern dominierte Gesell-

---

[3] R. J. Lifton: *Terror für die Unsterblichkeit. Erlösungssekten proben den Untergang*. Ins Deutsche übertragen von Udo Rennert und Ursula Gräfe. München, Carl Hanser Verlag, 2000, S. 254–6

schaft widerspiegelt.[4] Zweifelsohne gibt es nicht nur eine Antwort auf die Frage nach dem Ursprung des *mizuko kuyo*. Aber wie dem auch sei, für die Frauen sind die Gedenkfeiern ein Weg, den Seelen ihrer ungeborenen Kindern Frieden zu geben und sie in den Himmel zu schicken, wodurch sie sich selbst von der Last ihrer Schuldgefühle befreit fühlen. Die meisten Frauen kaufen im Tempel eine kleine Statue des Bodhisattvas Jizo, des Beschützers der Kinder, und stellen diese, anstelle eines Grabsteins, auf dem Tempelgelände auf. Oft wird den Statuen eine gestrickte Mütze aufgesetzt und ein Latz um den Hals gehängt. Diese kleinen Beigaben drücken die Sorge der Mütter aus, die Statue, die mit dem toten Kind assoziiert wird, könne ohne Mütze frieren und ohne Latz nicht essen. *Mizuko kuyo* wird nicht nur in den größeren buddhistischen Tempeln praktiziert, sondern auch von vielen aus dem Buddhismus hervorgegangenen Sekten.

Japanische Religionen in der heutigen Zeit

Fragt man die Japaner nach ihrer Religion, so antworten zwei Drittel, dass sie keinen bestimmten Glauben haben. Dafür gibt es wahrscheinlich zwei Gründe. Erstens sind religiöse Bräuche zu kulturellen Bräuchen geworden, die so tief im Leben der Japaner verankert sind, dass ihr religiöser Ursprung oft nicht mehr erkennbar ist. Das würde auch erklären, warum an den ersten drei Tagen des Jahres 2001 mehr als 88 Millionen Japaner (ungefähr 70 Prozent der Bevölkerung) zu Shinto-Schreinen und buddhistischen Tempeln strömten, um das neue Jahrtausend willkommen zu heißen, dies aber nicht als religiösen Akt ansahen. Der traditionelle Großputz

[4] Für eine umfangreiche Berichterstattung über diese Debatte siehe „Articles, Review Essays, and Response on the Theme of ‚Abortion and Mizuko kuyo in Japan'", *Journal of the American Academy of Religion*, 67.4 (Dezember 1999), S. 737–823.

am Ende des Jahres, der vom Hang der Shintoisten zur Reinlichkeit herrührt, wird noch immer in den meisten Haushalten durchgeführt. Heutzutage kann man hierfür auch die Dienste kleinerer Reinigungsfirmen in Anspruch nehmen.

Der zweite Grund dafür, dass die Japaner kein Bedürfnis haben, sich einer bestimmten Glaubensrichtung anzuschließen, ist die Tatsache, dass buddhistische Tempel seit langem zu sozialen Einrichtungen geworden sind. Viele Familien gehören immer noch – als Erbe des *danka*-Systems (siehe Kapitel 6) – einem buddhistischen Tempel an, doch sind sich die einzelnen Familienmitglieder dieser offiziellen Zugehörigkeit im Alltag oft nicht bewusst. Meist wird sie erst wieder entdeckt, wenn eine Beerdigung bevorsteht. Über 90 Prozent der Beerdigungen in Japan werden nach den Regeln buddhistischer Riten durchgeführt.

Die meisten der alten buddhistischen Schulen und Sekten sind auch heute noch sehr erfolgreich. Die Klöster auf dem Berg Hiei, dem Berg Koya und in Eiheiji sind nach wie vor die wichtigsten Ausbildungszentren für Mönche, und für weibliche Anwärter wurden eigens Nonnenklöster eingerichtet. Der Anschlag der Aum-Sekte gab vielen der orthodoxeren Schulen Anlass, ihre Lehren gründlich zu überdenken, da ihnen der Vorfall bewusst machte, dass sie nur einen Bruchteil der spirituellen Bedürfnisse der Menschen befriedigen. Dementsprechend wurden einige Neuerungen eingeführt. So gab zum Beispiel die Buddhistische Vereinigung Japans im Januar 2000 die Erklärung ab, dass buddhistische Tempel den Toten künftig kostenlos einen buddhistischen Namen und Titel (*kaimyo*) verleihen – ein Brauch, der als eine Art „Eintrittskarte“ in das Paradies gilt. Zuvor mussten die Hinterbliebenen dem Priester ungefähr 1500 Euro als Dank dafür zahlen, dass er dem Verstorbenen einen *kaimyo* verlieh. Buddhistische Einrichtungen in Japan versuchen nun, fortschrittlicher zu werden, und im Leben der Menschen an Bedeutung zu gewinnen.

Verständlicherweise hegen viele Japaner immer noch eine gewisse intellektuelle Abneigung gegen den Shinto, da die Erinnerung an seine Verbindung zum ultranationalistischen Staats-Shinto in der Zeit vor dem Zweiten Weltkrieg immer noch frisch ist. Im alltäglichen Leben suchen aber immer noch viele Menschen Shinto-Schreine auf, um die *kami*-Gottheiten um ihren Schutz zu bitten. Dazu gehören zum Beispiel Schüler, die die Aufnahmeprüfung für die Universität ablegen wollen, Alleinstehende, die nach einem Heiratspartner suchen, schwangere Frauen, Menschen, die sich um ein krankes Familienmitglied sorgen, Kaufleute, die für gute Geschäfte beten und Fischer und Bauern, die um einen guten Fang oder eine reiche Ernte bitten. Solange es Wünsche gibt, wird es für die Japaner immer Shinto-Schreine geben.

Ein Blick in die Zukunft

Im Rahmen der Vorbereitungen auf die Jahrtausendwende stimmte die konservative Mehrheit des japanischen Diets am 9. August 1999 dafür, die „aufgehende Sonne" (*hinomaru*) zur offiziellen Nationalflagge und das Lied „Gebieter, Eure Herrschaft soll dauern" (*kimigayo*) zur Nationalhymne zu erklären. Vor der Verabschiedung dieses Gesetzes hatte die Regierung darauf bestanden, dass das Hissen der Nationalflagge und das Absingen der Hymne bei Schulfeiern „freiwillig" seien. Im Jahr 2001 beschloss jedoch das Ministerium für Wissenschaft und Bildung im Alleingang, dass diese Aktionen obligatorisch seien. Im selben Jahr sorgte der neu gewählte Premierminister Koizumi für nationale Kritik, als er seine Absicht erklärte, als Staatsoberhaupt am 15. August – dem Gedenktag zum Ende des Zweiten Weltkriegs – den umstrittenen Yasukuni-Schrein zu besuchen. Auch von Südkorea und China wurde Koizumis Absichtserklärung scharf kritisiert. Um einen internationalen Konflikt zu vermeiden, verlegten die Berater des Premierministers seinen Besuch des Schreins zwei Tage vor.

Der dramatische Zusammenbruch der japanischen Wirtschaft in den frühen 1990ern wirkte sich auf sämtliche Bereiche des Lebens in Japan aus. Im Zuge der Personalkürzungen und Umstrukturierungen, zu denen Unternehmen gezwungen waren, verloren viele Arbeiter ihre Stelle. Viele dieser Arbeiter hatten bis dahin ihr gesamtes Leben ihren Firmen gewidmet. Plötzlich sahen sie sich – in relativ fortgeschrittenem Alter – dem Sinn ihres Daseins beraubt, was sie dazu veranlasste, zum ersten Mal über die Bedeutung ihres Lebens nachzudenken. Von der Last ihrer Schulden erdrückt, begingen etliche Kleinunternehmer Selbstmord – ein Phänomen, das bis heute nicht verschwunden ist. Für andere dieser Arbeiter gewinnt die Religion als Träger grundlegender Werte und Quelle spiritueller Heilung wieder an Bedeutung. Den gegebenen Umständen entsprechend versuchen bereits bestehende Religionen, sich an die neuen Bedürfnisse der Menschen anzupassen, und zweifelsohne werden viele „neue" Religionen entstehen.

Ökologische Krisen gaben vielen Menschen Anlass dazu, die Welt ganzheitlich zu betrachten, so, wie es auch von einigen der neuen Religionen gefordert wird. Zudem haben manche religiöse Gruppierungen begonnen, sich unter anderem mit dem ethischen Aspekt der Biotechnologie sowie der Nutzung von Kernkraft auseinanderzusetzen. Umweltschutzbewegungen entdecken die ökologischen Vorzüge des alten shintoistischen Wertesystems wieder, das immer schon die organische Einheit von Mensch und Natur betont hat.

Im Juni 2000 berichtete eine japanische Zeitung, dass immer mehr Japaner auf ein buddhistisches Begräbnis verzichten und es vorziehen, ihre Asche der Natur übergeben zu lassen, anstatt auf einem Friedhof beigesetzt zu werden.[5] Der

---

[5] „New funerals emerging: Burials at sea and space", Asahi Evening News, 29. Juni 2000, S. 1–2.

Artikel beschreibt, wie am 20. Dezember 1999 die Asche von sechsunddreißig Menschen, darunter auch die von elf Japanern, mit einer Rakete vom Luftwaffenstützpunkt Vandenberg in Kalifornien aus ins All geschossen wurde. Dem Bericht zufolge erhält das Bestattungsunternehmen, das diese „Weltraumbestattung“ durchführte, täglich Telefonanrufe von Menschen, die sich für den nächsten Raketenstart interessieren. Für Japaner ist diese Art von Bestattung nicht nur attraktiv, weil sie viel kostengünstiger ist als ein traditionelles buddhistisches Begräbnis (ungefähr 6 500 Euro verglichen mit durchschnittlich 20 000 Euro), sondern auch, weil sie die Vorstellung romantisch finden, ihre Lieben am Himmel über sich zu wissen. Die Rakete umkreist die Erde achtzehn Monate lang, bevor sie wieder in die Atmosphäre eintritt und verglüht. Der Artikel berichtet von einer jungen Japanerin, deren zwei Jahre zuvor verstorbener Mann auf diese Weise bestattet wurde. Immer, wenn sie zum Himmel blicke, sagt sie, fühle sie die Nähe ihres Mannes, und sie liebe die Vorstellung, dass er „ein Stern am Himmel“ geworden sei.

Im Laufe der Jahrhunderte haben sich religiöse Bräuche verändert und auch in Zukunft wird es nicht anders sein. Die religiösen Gefühle, die in diesen Bräuchen zum Ausdruck kommen, sind jedoch zeitlos.

Aussprachehilfe

Im Folgenden soll die allgemein übliche Aussprache des Japanischen so einfach wie möglich erklärt werden. Solange es unten nicht anders angegeben ist, werden die Buchstaben so wie im Deutschen ausgesprochen. Die japanischen Vokale sind den Vokalen des Lateinischen, Italienischen oder Spanischen sehr ähnlichen.

a wird wie das *a* in „Samt" ausgesprochen
i wird wie das *i* in „Kind" ausgesprochen
u wird wie das *u* in „Mutter" ausgesprochen
e wird wie das *e* in „Bett" ausgesprochen
o wird wie das *o* in „Topf" ausgesprochen
n kann eine eigene Silbe bilden und wird wie das *n* in „nett" ausgesprochen
tsu wird wie *zu* in „Zucker" ausgesprochen
chi wird wie *tschi* in „tschilpen" ausgesprochen
cho wird wie „cho" im englischen Wort „chocolate" ausgesprochen, also *tscho*

Im Japanischen besteht jede Silbe aus einem Konsonanten und einem Vokal. Dies machte die Entstehung von Gedichtformen wie des haiku möglich, bei dem es auf die Anzahl der Silben ankommt. Jeder Vokal zählt als eine Silbe (in der ein Konsonant einen „Null"-Wert hat). Daher wird „Saiin" (kaiserliche Prinzessin, die als Priesterin im Kamo-Schrein diente) richtig „sa-i-i-n" (vier Silben) ausgesprochen. Das Japanische kennt keine Diphthonge wie das Deutsche, sondern hat „Doppelvokale", die länger ausgesprochen werden und zwei Silben entsprechen. Zum Beispiel wird Soto (eine japanische Zen-Schule) nicht „so-to" ausgesprochen, sondern „so-o-to". Diese Doppelvokale werden normalerweise durch ein Längezeichen gekennzeichnet, deshalb sollte Soto eigentlich Sōto geschrieben werden. Man'yo-shu, die älteste Sammlung japanischer Gedichte, wird „ma-n-yo-o-shu-u" (sechs Silben) ausgesprochen und müsste deshalb Man'yō-shū geschrieben werden. Der Einfachheit halber haben wir jedoch in dem vorliegenden Band auf Längezeichen verzichtet (ausgenommen des Glossars und der Namen der Perioden in der Zeittafel, um dem interessierten Leser einen Einblick zu geben). Doppelkonsonanten, wie zum Beispiel in „kekkai" (das abgegrenzte Gebiet eines

Klosters) werden, wie die Doppelkonsonanten im Italienischen, mit einem Stakkato ausgesprochen, also „ke-(k)-ka-i“ (vier „Schläge“ anstatt drei).

Das sanskritische ś wird als *sh* umschrieben, wie beispielsweise in Shakyamuni (Śakyamuni in Sanskrit). Das sanskritische ca wird als *cha* umschrieben, wie in Vairochana (Vairocana in Sanskrit).

Für chinesische Wörter wird die *pinyin*-Umschrift verwendet, die eine vergleichsweise genaue Näherung an die tatsächliche Aussprache ist. „Dao“ wird in der *pinyin*-Umschrift mit *d* geschrieben und nicht „Tao“, wie im traditionellen Wade-Giles-System.

Japanische Namen werden in der in Japan üblichen Reihenfolge wiedergegeben: der Familienname steht an erster Stelle, der Vorname an zweiter.

Glossar

Amaterasu Die große Sonnengöttin und Ahnherrin der kaiserlichen Familie. Ihr ist der Innere Schrein von Ise geweiht.

Amida Buddha Amitābha Buddha in Sanskrit, Amida-butsu auf Japanisch. Als Bodhisattva Dharmākara schwor er, jede Seele, die ihn in voller Aufrichtigkeit anruft, zu erretten, falls er die Buddhaschaft erlangen sollte. Er residiert im Westlichen Paradies.

Aufzeichnungen alter Geschehnisse *Kojiki*, entstanden 712. Das Werk enthält die ältesten mythisch-historischen Erzählungen Japans.

Blumenkranz-**Sūtra** *Avatamsaka sūtra* in Sanskrit, ***Kegon-kyō*** auf Japanisch. Die Lehre des Blumenkranz-Sūtra bildet die Grundlage der chinesischen Huayan-Schule und der japanischen Kegon-Schule.

Bodhisattva, bodhisattva *Bosatsu* auf Japanisch. Ein Wesen, das auf seinem Weg zur Erleuchtung ist, aber in der Welt bleibt, um andere zu erretten; im **Mahāyāna-Buddhismus** verkörpern die Bodhisattvas das Ideal des Mitgefühls.

Buddha, buddha „Der Erwachte", *hotoke* auf Japanisch. Der **Mahāyāna-Buddhismus** lehrt, dass alle Wesen die Buddhaschaft erlangen können. Vgl. **Śākyamuni Buddha**.

Chan **Zen** auf Japanisch. Chinesische Aussprache des Sanskrit-Wortes *dhyāna*, das „Meditation" bedeutet.

chanoyu „Teezeremonie". Während der Muromachi-Periode wurde die Teezubereitung unter dem Einfluss des **Zen**-Buddhismus zur Kunstform.

Chroniken Japans *Nihonshoki* oder *Nihongi*, entstanden 720. Enthält die ältesten Aufzeichnungen über die japanische Geschichte und die Shinto-Mythologie.

daigongen Siehe **gongen**.

daimyōjin Siehe **myōjin**.

danka-**System** Während der Edo-Periode eingeführtes System, das jede Familie verpflichtete, sich offiziell einem buddhistischen Tempel anzuschließen und ihn finanziell zu unterstützen.

Daoismus Dōkyō auf Japanisch. In China entstandene philosophische Tradition, die auf den Lehren des Lao Zi (Rōshi auf Japanisch) und des Zhuang Zi (Sōshi auf Japanisch) basiert. Sowohl in seiner philosophischen als auch in seiner religiösen Ausprägung (die nach einem langen

Leben und nach der Erlangung übernatürlicher Fähigkeiten strebte) hatte der Daoismus großen Einfluss auf die Volksreligionen, Kunst und Literatur in Japan.

dōsojin Bezeichnet in den Volksreligionen Gottheiten, die die Grenzen eines Dorfes beschützen.

Drei (kaiserliche) Insignien Der Spiegel, das Schwert und der Krummjuwel, die alle einen mythischen Ursprung haben und im Besitz des regierenden Kaisers sind.

Drei Körper des Buddhas Die im indischen **Mahāyāna-Buddhismus** entstandene „trikāya"-Lehre. Nach ihr manifestiert sich die Buddha-Essenz (1) in der historischen Form (z. B. **Śakyamuni Buddha**), (2) im Freudenkörper (z. B. **Amida Buddha**) und (3) in der kosmischen Essenz (symbolisiert durch Mahāvairochana Buddha).

esoterischer Buddhismus „Esoterisch" bezieht sich auf die „geheimen" Lehren, die nur unmittelbar vom Meister an den Schüler weitergegeben werden können, im Gegensatz zu den „exoterischen" Lehren, die „offen" sind und durch das Studium von Schriften und *Sūtras* erlernt werden können. Als Hauptvertreter des esoterischen Buddhismus gelten die **Shingon**- und die **Tendai**-Schule.

Fünf Hindernisse und dreifache Unterwerfung *Goshō-sanshō* auf Japanisch. Die frauenfeindliche Rechtfertigung der Behauptung, dass Frauen spirituell minderwertig seien und sich der männlichen Autorität unterzuordnen haben.

genze riyaku „Nutzen hier und jetzt". Ein weit verbreitetes Merkmal japanischer Volksreligionen.

Geschichte der Heike, Die Eine Reihe von Erzählungen, die während des dreizehnten Jahrhunderts entstanden sind und vom Kampf zwischen dem Minamoto- („Genji") und dem Taira-Klan („Heike") handeln. Die politische Macht der Taira nahm innerhalb weniger Jahrzehnte dramatisch ab. Dies verstärkte das mittelalterliche Bewusstsein über die Vergänglichkeit aller Dinge, von der selbst die „Mächtigsten und Stolzesten" nicht verschont blieben.

Geschichte von Genji, Die Ein kurz nach 1000 n. Chr. entstandener Roman, verfasst von der Hofdame Murasaki Shikibu (973–1014?). Das Werk ist durchdrungen von sanftem Pathos und zeigt gefühlsbetonte Reaktionen auf Menschen, Dinge und Ereignisse.

gongen, daigongen Verkörperung oder *avatar* der Buddha-Essenz in Form einer *kami*-Gottheit. „Daigongen" bedeutet „große Verkörperung".

Großes Sūtra des Reinen Landes Siehe *Sūtra des Reinen Landes*.

Hīnayāna-Buddhismus Wörtlich, „Kleines Fahrzeug". Ein von den Anhängern des **Mahāyāna-Buddhismus** („Großes Fahrzeug") geprägter, abwertender Begriff für den älteren Buddhismus. Die bevorzugte Bezeichnung ist „**Theravāda**", der „Weg der Älteren".

Ise Die Stadt, in der der Schrein der Sonnengöttin **Amaterasu** steht. Ein heiliger Ort, an dessen Küste ein sanfter Wind weht, während die Wellen des Ozeans ans Land rollen.

Ise **mairi** Beliebte Pilgerreise zum **Ise**-Schrein.

Izanagi Wörtlich, „der Mann, der einlädt". *Kami*-Gottheit, die zusammen mit **Izanami** die japanischen Inseln erschaffen hat.

Izanami Wörtlich, „die Frau, die einlädt". *Kami*-Gottheit, die zusammen mit **Izanagi** die japanischen Inseln erschaffen hat.

Izumo Region, in der einst ein mächtiger, der Kaiserfamilie feindlich gesinnter Klan herrschte; im Izumo-Schrein wird die Gottheit Ōkuninushi verehrt, ein Nachfahre von **Susanoo**.

jingūji Buddhistischer Tempel, der auf dem Gelände von Shinto-Schreinen errichtet wurde, damit sich die *kami*-Gottheiten buddhistischen Übungen unterziehen konnten, um so zur Erleuchtung zu gelangen; eine der Maßnahmen, die die Buddhisten ergriffen, um den Shinto in ihr Glaubenssystem zu integrieren.

Jinja Shinto „Schrein-Shinto". Ein euphemistischer Ausdruck für die vom Staat verordnete Form des Shinto, die vor und während des zweiten Weltkriegs als spirituelle Grundlage für den japanischen Ultranationalismus diente.

Jinmu Der legendäre erste Kaiser Japans; den Mythen des Shinto zufolge gründete er 660 v. Chr. den japanischen Staat.

jiriki Wörtlich, „die eigene Kraft"; das Vertrauen, durch eigene Anstrengungen religiöse Erlösung erlangen zu können. Vgl. *tariki*.

Ji-shū Die von Ippen gegründete „Stunden-Schule". Ihre Anhänger üben die Praxis des *nenbutsu* aus.

Jizō Kshitigarbha in Sanskrit. Bodhisattva, der die Macht besitzt, Sünder vor der Hölle zu bewahren; er wird besonders als Schutzherr der Kinder verehrt.

Jōdo Shin-shū Die „Wahre Schule des Reinen Landes". Sie entwickelte sich aus den Lehren Shinrans; im Zentrum ihrer Lehre steht das absolute Vertrauen auf Amida Buddhas rettende Gnade.

Jōdo-shū Die von Hōnen gegründete „Schule des Reinen Landes". Im Mittelpunkt ihrer Lehre steht das fortwährende, unbeirrbare Rezitieren des *nenbutsu*.

Kaiserliches Erziehungsedikt „Kyōiku chokugo" (1890). Ein offizieller Erlass, der den göttlichen Status des Kaisers bestätigte. Das Edikt trug dazu bei, den Weg für den im 20. Jahrhundert aufkommenden Ultranationalismus in Japan zu ebnen.

kakure kirishitan „Krypto-Christen". Bezeichnet die japanischen Christen, die während der Edo-Periode über 200 Jahre lang in den Untergrund gingen, da ihre Religion verboten war.

kami „Gott", „Götter", „Gottheit" oder „Gottheiten". Die im alten Shinto verehrten Wesenheiten. Die *kami* können Naturgeister, menschgewordene Gottheiten oder deifizierte Menschen sein; sie sind ehrfurchterregend und können sowohl gut- als auch bösartig sein.

kamikaze Auch *kamkaze* oder *shinpū*. Wörtlich, „göttlicher Wind". Ursprünglich wurde das Wort als Adjektiv verwendet, um die Küste von **Ise** zu beschreiben. Nach den gescheiterten Invasionen der Mongolen wurde es zum Symbol für Japans Unbesiegbarkeit. Während des Zweiten Weltkriegs bezeichnete es eine Flieger-Spezialeinheit, die Selbstmordangriffe verübte.

Kann'on Bodhisattva des Mitgefühls. Nach **Amida Buddha** eine der meistverehrten Figuren des Buddhismus. Avalokiteśvara, ein indischer Bodhisattva, wurde in China und Japan zu einer Göttin des Mitgefühls umgewandelt. (Kan'non ist die semantische Umschreibung des Sanskrit-Wortes für Avalokiteśvara.) Ihr Kult gleicht dem Kult der Jungfrau Maria im katholischen Glauben.

kōan Ein Problem, über das man meditiert, um es zu lösen. Ein Mittel, das im **Zen**-Buddhismus verwendet wird, um Schülern zu einem spirituellen Durchbruch zu verhelfen. Ein kōan durchbricht die epistemologische Dichotomie von Subjekt und Objekt und macht die Dinge für den Übenden unmittelbar körperlich erfahrbar. Im Zen wird dies als integraler Bestandteil unseres intellektuellen Verständnisses betrachtet.

Kogaku „Alte Lehre". Eine Bewegung, die sich auf die Lehren des Konfuzius und Mengzi zurückbezog. Sie wurde während der Edo-Periode von einer Gruppe japanischer Konfuzianer ins Leben gerufen.

Kokin-shū „Sammlung alter und neuer Gedichte". Eine 905 zusammengestellte Lyrikanthologie. Sie spiegelt aristokratische, verfeinerte Gefühle wider, die später als „weibisch und empfindsam" beschrieben wurden.

Kokka Shinto Staats-Shinto. Die Form des Shinto, die nach der Meiji-Restauration im Jahr 1868 in den Status einer Staatsreligion erhoben wurde. Vgl. **Jinja Shintō**.

Kokugaku „Lehre des Landes". Eine während der Edo-Periode in Intellektuellenkreisen entstandene Bewegung, die die Einzigartigkeit der alten japanischen Spiritualität betonte. Als Ideologie bildete sie die Grundlage für den modernen japanischen Ultranationalismus.

Konfuzianismus Jukyō auf Japanisch. Eine der alten chinesischen Philosophenschulen, die sich mit den moralischen Lehren des Konfuzius (Kōshi auf Japanisch) befasst. Ihr Hauptmerkmal ist die Kultivierung der

„Menschlichkeit" (*ren* auf Chinesisch; *jin* auf Japanisch). Mengzi (Mōshi auf Japanisch) gilt nach Konfuzius als zweiter Weiser, obwohl auch der rationalistische Ansatz des Xun Zi (Junshi auf Japanisch) große Beachtung fand. Ein neuerliches Interesse am Konfuzianismus führte zur Entstehung des Neokonfuzianismus.

Kopfkissenbuch der Hofdame Sei Shonagon, Das Eine Essaysammlung der Hofdame Sei Shonagon (ca. 968 – ca. 1025). Entstanden zwischen 994 und 1000. Die Sammlung porträtiert das Leben der Adligen während der Heian-Periode.

Kultur der Fünf Berge Während der Kamakura- und Muromachi-Periode wurden die bedeutendsten **Zen**-Tempel – fünf in Kamakura und fünf (oder mehr) in Kyoto – vom Shogunat zu kulturellen Zentren bestimmt; diese trugen zum großen Erfolg der vom Zen inspirierten Kultur in Japan bei.

kuyō Entwickelte sich aus dem hinduistischen Brauch der „pūjā". In Japan bezeichnet der Begriff ein Ritual zum Gedenken der Toten.

kyōgen Eine im Mittelalter entstandene Form der absurden Komödie, die zwischen ernsten **noh**-Stücken aufgeführt wurde.

Lotus-Sūtra *Saddharma-pundarīka sūtra* in Sanskrit, *Myōhōrenge-kyō* oder *Hoke-kyō* auf Japanisch. Zentrales Schriftstück des **Mahāyāna-Buddhismus**. Das ***Sūtra*** bildet die Grundlage vieler buddhistischer Schulen in Japan.

Mahāyāna-Buddhismus Ein Zweig des Buddhismus, der sich ungefähr im ersten Jahrhundert n. Chr. in Indien aus einer buddhistischen Laienbewegung entwickelte. Er konzentriert sich hauptsächlich auf die Umsetzung des **Bodhisattva**-Ideals, durch das alle fühlenden Wesen errettet werden sollen. Vgl. **Hīnayāna-Buddhismus**, **Theravāda-Buddhismus** und **Vaijrayāna-Buddhismus**.

Man'yō-shū Die älteste bekannte Sammlung japanischer Gedichte (**waka**), entstanden um 756. Die Gedichte spiegeln die unkomplizierte Spiritualität des alten japanischen Volkes wider.

mandala Die Darstellung des Universums durch symbolische, ikonische und bildhafte Mittel. Wird im **esoterischen Buddhismus** verwendet. Das Diamant-Mandala und das Mutterleib-Mandala verhelfen dem Meditierenden zur Vertiefung seiner spirituellen Erweckung.

mappō Das Zeitalter des „Untergangs der buddhistischen Lehre", das auf das Zeitalter der „wahren buddhistischen Lehre" und das Zeitalter der „verfälschten buddhistischen Lehre" folgt. Elemente der buddhistischen Geschichtsauffassung, nach der die Lehre Buddhas nach und nach verschwinden soll.

matsuri Ein japanisches Wort für „Fest". Bezieht sich auf die folgenden beiden Einträge.

matsuri-goto Ein altes japanisches Wort für „Politik“, das so viel bedeutet wie „das Land in Übereinstimmung mit dem Willen der *kami*-Gottheiten führen“.

matsuru Ein Verb, das so viel bedeutet wie „den *kami*-Gottheiten die angemessene Ehrerbietung entgegenbringen“. Zu Zeiten der Theokratie war dies gleichbedeutend mit Staatsführung und Einhaltung der religiösen Bräuche. Das Wort ***matsuri*** (Fest) ist davon abgeleitet.

Meditations-Sūtra *Kanmuryōju-kyō* oder *Kan-gyō* auf Japanisch. Der chinesische Meister des Reinen Landes Shandao (Zendō auf Japanisch) entdeckte in diesem ***Sūtra*** das Versprechen, dass jeder errettet werden wird, der **Amida** durch die aufrichtige Ausübung des ***nenbutsu*** anruft. Hōnen entwickelte Shandaos Lehre weiter.

Myōjin, daimyōjin Eine buddhistische Bezeichnung für Shinto-Gottheiten im Allgemeinen. Gleichzeitig werden Gottheiten, die den Buddhismus beschützen, so genannt. Der Gott Kariba, der Kūkai half, einen geeignet Platz für sein Kloster auf dem Berg Koya zu finden, ist ein *myōjin*. *Daimyōjin* bedeutet „großer *myōjin*“.

Nara-Buddhismus, Schulen des Buddhistische Schulen, die während der Nara-Zeit in Nara florierten. Bis heute haben sie ihren Einfluss nicht verloren, und Tempel wie der Tōdaiji-, der Kōfukuji- und der Hōryūji-Tempel genießen immer noch großes Ansehen.

nenbutsu Das hingebungsvolle Rezitieren des Mantras „Gelobt sei **Amida Buddha**“ (*namu Amida-butsu*).

Nichiren-shū Die „Nichiren-Schule“ oder „Lotus-Schule“. Gegründet von Nichiren, der die große Bedeutung der Selbstverbesserung und des unerschütterlichen Vertrauens in den Ewigen Buddha betonte. Die Grundlage seiner Lehre bildete das ***Lotus-Sūtra***.

Ninigi Ein Enkel **Amaterasus** und Großvater von Kaiser Jinmu. Sein vollständiger Name lautet „Ame nigishi kuni nigishi amatsu hidaka hiko ho no ninigi“, was so viel bedeutet wie „Prinzherrlicher, der hoch am Himmel strahlt und der im Himmel und auf Erden erfolgreich ist“.

noh Eine während der Muromachi-Periode entstande Form des japanischen Theaters. Zeami übertrug die geistigen und spirituellen Elemente des **Zen**-Buddhismus auf diese Kunstform.

Ōbaku-shu Eine **Zen**-Schule. Gegründet von Ingen, einem großen chinesischen Chan-Meister. Seine Lehre vereint die Praxis des ***nenbutsu*** und des ***zazen*** miteinander.

okagemairi „Danksagungsbesuch“ im **Ise**-Schrein. Während der Edo-Periode entwickelte sich dieser Brauch zu einer regelmäßig stattfindenden landesweiten Massenpilgerfahrt.

Onmyōdō Wörtlich, die Praxis des „Yin-Yang". Die aus China übernommene Praxis der Prophezeiung, Geomantie (z. B. *Fengshui*), Wahrsagerei, Astronomie etc., die sich in Japan weiter mit alten Volksbräuchen wie der Verehrung der Berge und dem Asketentum vermischte und von der Auffassung der Japaner von Reinheit und Verunreinigung beeinflusst wurde.

onryō Oder *goryō*; ein zorniger Geist, der sich Menschen bemächtigt, gegen die er Groll hegt, oder verheerenden Schaden in ihrem Leben anrichtet. Feste wie das Gion-Fest dienten ursprünglich dazu, solche Geister zu besänftigen.

Reines Land Die buddhistische Bezeichnung für „Paradies". Jeder Buddha besitzt sein eigenes „reines Land", in dem die Gläubigen wiedergeboren werden. Das bekannteste ist **Amidas** „Westliches Paradies".

Rinzai-shū Eine von Esai gegründete **Zen**-Schule. Ihre historische Entwicklung verdankte sie vor allem chinesischen Meistern, die sich in Japan niederließen. Zu ihren Übungsmethoden gehört der Gebrauch von ***kōans***, durch die der Weg zur Erweckung verkürzt werden soll.

Saigū Das Amt der kaiserlichen Prinzessinnen, die durch Prophezeiungen dazu auserwählt wurden, der Sonnengöttin **Amaterasu** in **Ise** zu dienen.

Saiin Das im neunten Jahrhundert in Kyoto eingeführte Gegenstück zum Amt der **Saigū**.

Saiō Kaiserliche Prinzessin, die als Hohepriesterin in **Ise** diente. Sie wurde als „erhabener Gehstock" betrachtet, auf den sich **Amaterasu** stützte.

Śakyamuni Buddha (Siddharta Gautama, vermutlich 463–383 v. Chr.) Der historische Buddha, der Meditation und innere Einkehr als Weg zum *nirvāna* betrachtete.

Sanskrit Die klassische Gelehrtensprache Indiens. Viele Schriften des **Mahāyāna-Buddhismus** sind in Sanskrit oder einer Mischform aus Sanskrit und anderen Sprachen abgefasst.

sengū Auch *shikinen sengū*. Die regelmäßige Erneuerung der Schreingebäude im **Ise**-Schrein. Alle zwanzig Jahre werden neue Schreingebäude errichtet und die alten abgerissen.

senzo kuyō Das Abhalten von Gedenkfeiern für verstorbene Vorfahren. Ein dauerhaftes Merkmal der religiösen Praxis in Japan.

Shakyamuni Buddha Siehe Śakyamuni Buddha.

shinbutsu bunri Wörtlich, „die Trennung von Shinto und Buddhismus". Eine Maßnahme, die den Traditionalisten ab 1868 dazu diente, den Shinto zur Staatsreligion zu erheben.

shinbutsu shūgō Wörtlich, „das Überlappen" oder „Verschmelzen von Shinto und Buddhismus". Ein bedeutendes Merkmal japanischer Religiosität.

Shingaku „Lehre des Geistes". Eine während der Edo-Periode von Ishida Baigan entwickelte, praxisbezogene Moralphilosophie für die Bewohner der Städte. Die Lehre brachte die Moral in die Welt der Kaufleute.

Shingon-shū Die Shingon-Schule, gegründet von Kukai im neunten Jahrhundert. „Shingon" bedeutet „wahres Wort" oder „mantra".

Shinkoku Wörtlich, „göttliches Land". Die Vorstellung, dass Japan von den *kami*-Gottheiten beschützt wird und deshalb unbesiegbar ist.

Shugendō Eine religiöse Praxis, die sich aus dem Berg-Asketentum entwickelte. Die durch das Mutterleib-**Mandala** und das Diamant-Mandala dargestellte Weltsicht des **esoterischen Buddhismus** wurde auf natürliche geographische Gegebenheiten übertragen. Zusammen mit den Lehren des Yin-Yang bildete sie die Kosmologie der Berg-Asketen.

Sōtō-shū Eine von Dōgen gegründete japanische **Zen**-Schule. Dōgen betonte die Sitzmeditation als zentrale Übung der Zen-Praxis.

Susanoo Der Gott des Windes. Ein jüngerer Bruder von **Amaterasu**. Der Legende nach wurde er nach **Izumo** verbannt, wo er zum lokalen Helden wurde. Seine Nachfahren sollen ihr Land der kaiserlichen Familie übereignet haben.

Sūtra *Kyō* oder *o-kyō* auf Japanisch. Allgemeine Bezeichnung für heilige buddhistische Schriften. Japanische Buddhisten benutzen chinesische Übersetzungen von heiligen Schriften aus dem Sanskrit, Pāli (eine weitere indische Sprache, in der zahlreiche buddhistische Schriften abgefasst sind) oder Tibetischen.

Sūtra der Königin Shrimala *Śrimālādevī simhanāda sūtra* in Sanskrit, *Shōman-gyō* auf Japanisch. Ein ***Sūtra***, das den Hofdamen die Vorzüge des religiösen Laienlebens aufzeigt.

Sūtra des Reinen Landes **(Längeres Sutra)** *Sukhavativyūha sūtra* in Sanskrit, auch *Beschreibung des Landes der Glückseligkeit* genannt; ***Daimuryōju-kyō*** auf Japanisch. ***Sūtra***, das die achtundvierzig Gelöbnisse des Bodhisattva Dharmākara (der später zu **Amida Buddha** wurde) beinhaltet. Es ist vor allem für die Anhänger der Schule des Reinen Landes von großer Bedeutung. Vgl. **Meditations-*Sūtra*.**

Sūtra vom Goldenen Licht *Suvarna-prabhāsa sūtra* in Sanskrit, *Konkōmyō-saishōō-kyō* oder *Konkōmyō-kyō* auf Japanisch. Ein ***Sūtra*** des **Mahāyāna-Buddhismus**, das unter anderem davon handelt, wie ein Land durch gütige Herrschaft geführt werden kann.

tariki Wörtlich, „die andere Kraft". Das Vertrauen auf Amida Buddhas Gnade, ohne sich auf seine eigenen Anstrengungen zu verlassen, da dies letztendlich nur zu Hochmut führt. Vgl. ***jiriki***. Manche religiöse Denker sind der Ansicht, dass *jiriki* und *tariki* zwei Aspekte derselben **Mahāyāna**-Spiritualität seien und deshalb nicht getrennt betrachtet werden könnten.

Ten'nō Wörtlich, „himmlischer Kaiser". Eine Bezeichnung für den japanischen Kaiser. Das „Kaisersystem" (*ten'no-sei*) basiert auf der Behauptung, dass die kaiserliche Linie seit dem Zeitalter der Götter bis heute nicht unterbrochen worden sei.

Tendai-shū Die Tendai-Schule. Sie entwickelte sich aus dem von Saichō auf dem Berg Hiei gegründeten Klosterzentrum. Der Tendai-Buddhismus lehrt, dass alle fühlenden Wesen errettet werden.

Theorie der Essenz-Manifestation „Honji-suijaku" auf Japanisch. Von den Buddhisten vertretene Theorie, nach der **Buddha** die Essenz ist und die Shinto-Gottheiten Manifestationen dieser Essenz sind.

Theravāda-Buddhismus Entwickelte sich aus dem frühen indischen Buddhismus und ist auf das Klosterleben ausgerichtet. Seine Anhänger halten sich streng an die buddhistischen Regeln. Der Zweig des Theravāda-Buddhismus ist vor allem in Südasien verbreitet. Auch bekannt unter der Bezeichnung **Hīnayāna-Buddhismus**.

Toyouke Die Göttin der Nahrung, Landwirtschaft und Ernte. Sie wird im Äußeren Schrein von **Ise** verehrt.

Tsukiyomi Der Mondgott. Ein jüngerer Bruder der Sonnengöttin **Amaterasu**.

Ur-Shinto Auch als „Yuiitsu-Shinto" oder „Yoshida-Shinto" bekannt. Seine Anhänger vertraten die Ansicht, dass der Shinto eine eigenständige und einzigartige Weltsicht und Theologie habe.

Uzume Auch „Ame no uzume no mikito". Die Göttin, die sang und tanzte, um **Amaterasu** aus ihrer Hölle zu locken. Manchmal wird sie als die Begründerin der darstellenden Künste in Japan betrachtet.

Vajrayāna-Buddhismus „Diamant-Fahrzeug". Ein Zweig des esoterischen Buddhismus, der zwischen dem sechsten und siebten Jahrhundert in Indien entstand. Seine späteren Ausprägungen sind als tantrischer Buddhismus bekannt.

Vimalakīrti Sūtra *Vimalakīrti-nirdeśa sūtra* in Sanskrit, *Yuima-gyō* auf Japanisch. Ein ***Sūtra***, in dem der reiche und weise Laienanhänger ***Vimalakīrti*** höchste Erleuchtung zeigt, die sogar die des ***Botthisattvas*** der Weisheit, Mañjūsrī (Monju auf Japanisch), übertrifft.

Vinaya *Ritsu* auf Japanisch. Eine Schule, die sich auf die Einhaltung der „Regeln" konzentriert, die eine der drei Hauptsäulen des frühen indischen Buddhismus darstellen. Die anderen beiden Säulen sind die Meditation und die Kultivierung der Weisheit.

waka Eine allgemeine Bezeichnung für japanische Dichtung. Die wichtigste Stilrichtung des *waka* sind Kurzgedichte von 31 Silben, aber auch längere Gedichte gehören zu diesem Genre. Das *haiku* entwickelte sich aus den ersten drei Silbeneinheiten des *waka*.

Yakushi Nyorai Medizinbuddha. *Bhaisajya-guru* in Sanskrit. Der heilende Buddha, der sich unter japanischen Gläubigen großer Beliebtheit erfreute.

Yamabushi Berg-Asketen, die eine einzigartige Form der Religionsausübung, das **Shugendō,** entwickelten.

zazen Sitzmeditation, bei der die Beine in der „Lotus-„ oder „Halblotus-Position" untergeschlagen sind. Das wichtigste Element der **Zen**-Praxis.

Zen Japanische Aussprache des Sanskrit-Wortes „dhyāna", das „Konzentrationsmeditation" bedeutet.

Die wichtigsten Feste und Feiertage

1. Januar	Neujahr (*ganjitsu*)	gesetzlicher Feiertag
3. Februar	Setsubun (nach dem Mondkalender der Wechsel zwischen Winter und Frühling)	
11. Februar	Gedenktag der Reichsgründung (*kenkoku kinen no hi*)	gesetzlicher Feiertag
3. März	Mädchenfest, Pfirsichblütenfest (*momo no sekku*)	
20. März	Frühlingsanfang (*shunbun*)	gesetzlicher Feiertag
3. Mai	Tag der Verfassung (*kenpo kinenbi*)	gesetzlicher Feiertag
5. Mai	Kindertag, Schwertlilienfest (*tango no sekko*)	gesetzlicher Feiertag
15. Mai	Aoi matsuri, Malvenfest (Kyoto)	
3. Wochenende im Mai	Sanja matsuri (im Kyoter Stadtteil Asakusa)	
7. Juli	Tanabata (Sternenfest) – wird nach dem Mondkalender meist im August gefeiert	
15. Juli	Bon (*obon*) (eine Art „Allerseelen") – wird meist im August gefeiert	
17.–24. Juli	Gion maturi (in Kyoto)	
2.–7. August	Nebuta matsuri, Umzug mit riesigen, von innen erleuchteten Figuren aus Pappmaché (in Aomori)	eines der wichtigsten Feste im Norden Japans

5.–7. August	Kanto matsuri, Lampionfest; an langen Bambusstäben befestigte Lampions werden durch die Stadt getragen (in Akita)	
6.–8. August	Tanabata, Sternenfest (in Sendai)	
12.–17. August	Bon (siehe 15. Juli)	
23. September	Herbstanfang (*shubun no hi*)	gesetzlicher Feiertag
9. Oktober	Takayama matsuri (in Takayama, Präfektur Gifu)	
3. November	Tag der Kultur (Geburtstag des Kaisers Meiji) (*bunka no hi*)	gesetzlicher Feiertag
23. November	Tag des Dankes für die Arbeit (*kinro kansha no hi*)	gesetzlicher Feiertag
23. Dezember	Geburtstag des Kaisers Akihito (*ten'no tan'jobi*)	gesetzlicher Feiertag
31. Dezember	Letzter Tag des Jahres (*oomisoka*)	

Anmerkung: Nur die größten Feste sind oben angeführt. So gut wie jede Stadt und jedes Dorf hat ein eigenes Fest (*matsuri*). Außer den oben genannten gibt es folgende gesetzliche Feiertage: „Tag des Erwachsenwerdens" (*seijin no hi*, zweiter Montag im Januar), der „Tag der Showa-Ära" (Geburtstag des Kaisers Hirohito, 29. April; bis 2007 „Tag des Grüns", der nun am 4. Mai gefeiert wird), der „Tag des Grüns" (*midori no hi*, 4. Mai; bis 2007 war der 4. Mai ein Feiertag ohne bestimmte Bezeichnung), der „Tag des Meeres" (*umi no hi*, 20. Juli), der „Tag der Ehrerbietung vor dem Alter" (*keiro no hi*, 15. September) und der „Tag der Gesundheit und des Sports" (*taiiku no hi*, 2. Montag im Oktober).

Zeittafel

Periode	Religion	Jap. Geschichte	Weltgeschichte
Yōmon 11 000?–300 v. Chr.	• Animismus, Glaube an verschiedene Arten von Geistern	• Zeit der Jäger, Fischer und Sammler	• Sokrates, Platon, Aristoteles, Gautama Buddha, Konfuzius
Yayoi ca. 300 v. Chr.–ca. 200 n. Chr.	• Entstehung des *kami*-Glaubens • Verbreitung des Ahnenkults	• Japan ist in Kleinstaaten geteilt	• Mengzi, Jesus von Nazareth • 221 v. Chr.–206 v. Chr. Ch'in-Dynastie eint erstmals ganz China • 202 v. Chr.–220 n. Chr. Han-Dynastie (China) • nach 221: Drei Reiche, später nörd- und südliche Dynastie (China)
Yamoto (oder „Tumuli") ca. 200–ca. 500	• Errichtung der ersten Shinto-Schreine • Einführung des Konfuzianismus und des Daoismus durch koreanische und chinesische Einwanderer	• Königin Himiko (Regierungszeit ca. 180 – 248) • Vereinigung Japans durch die kaiserliche Familie	• 313: Christentum wird im Römischen Reich offiziell anerkannt

Periode	Religion	Jap. Geschichte	Weltgeschichte
Asuka ca. 500–645	• 538: Einführung des Buddhismus aus Paekche • Prinz Shotoku stellt den Buddhismus unter sein Patronat	• Konsolidierung der kaiserlichen Macht • Einführung eines bürokratischen Systems nach dem Vorbild Chinas	• 589–618: Sui-Dynastie • 622: Muhammads *Hijra*: Auswanderung des Propheten von Mekka nach Medina (Islam)
Hakuhō 645–710	• friedliche Koexistenz von Shinto und Buddhismus	• Kaiser Tenmu ordnet die Aufzeichnung der frühen japanischen Geschichte an	• 618–908: Tang-Dynastie (China)
Nara 710–784	• Ausbreitung des Nara-Buddhismus • 752: Weihe der Großen Buddha-Statue im Todaiji-Tempel	• Zentralisierung des Landes unter der Herrschaft der kaiserlichen Familie	• ca. 700: Römisch-keltische Missionare bekehren Angelsachsen zum Christentum (England) • 717: Araber belagern Konstantinopel
Heian 794–1192	• Gründung der Tendai-Schule auf dem Berg Hiei und der Shingon-Schule auf dem Berg Koya • 1052: Beginn des *mappo* („Zeitalter des Untergangs der buddhistischen Lehre“) • Glaube an Amidas Reines Land und die Praxis des *nenbutsu* verbreiten sich	• Der Adel (vor allem die Fujiwara-Familie) dominiert den Kaiserhof • Krieger-Klans gewinnen an politischem Einfluss • 1185: Minamoto-Klan besiegt Taira-Klan	• 960–1279: Sung-Dynastie (China) • 988: Gründung der russisch-orthodoxen Kirche • 1054: Teilung der christlichen Kirche in griechisch-orthodox und römisch-katholisch • 1066: Eroberung Englands durch die Normannen

Periode	Religion	Jap. Geschichte	Weltgeschichte
			• 1096–1270: Kreuzzüge • 1130–1200: Zhu Xi (China)
Kamakura 1192–1333	• Zeitalter der großen religiösen Führer: Honen, Shinran, Eisai, Dogen, Nichiren und Ippen (Entstehung des Kamakura-Buddhismus) • Chinesische Chan-Meister emigrieren nach Japan • Shinto wird erstmals als eigenständige Religion betrachtet	• 1192: Minamoto Yorimoto gründet das Shogunat in Kamakura • Der Hojo-Regent ergreift die politische Macht • 1274 und 1281: Invasionen der Mongolen	• 1215: Unterzeichnung der Magna Carta • 1260: Kublai Khan wird zum Führer der Mongolen ernannt • 1271–1368: Yüan-Dynastie (China) • 1271–95: Marco Polo in China
Muromachi 1336–1573	• Verbreitung der Vorstellung von Japan als ein von den Göttern beschütztes Land • Verbreitung des Kamakura-Buddhismus • Der Zen-Buddhismus durchdringt die Künste	• 1336–92: Teilung des Kaiserhofs in Nord- und Südhof • 1338: Ashikaga gründet das Shogunat in Kyoto	• 1368–1644: Ming-Dynastie (China) • Renaissance • Erkundung der Seewege • 1492: Columbus „entdeckt" Amerika • mit Granada fällt der letzte Rest des Maurenreichs in Spanien

Periode	Religion	Jap. Geschichte	Weltgeschichte
[Sengoku] **(Zeit der streitenden Reiche)** 1460 - 1573	• Entstehung militanter religiöser Gruppen • 1536: Anschlag auf Nichiren-Tempel in Kyoto • 1549: Franz Xaver führt das Christentum ein • 1571: Oda Nobunaga greift den Berg Hiei an	• 1467–77: Onin-Krieg • Beginn der Bürgerkriege zwischen verschiedenen Kriegsherrschern	• 1472–1529: Wang Yangmin (China) • 1517: Beginn der Reformation • 1534: Gründung der Church of England (Kirche von England) • 1545 - 63: Katholische Gegenreformation
Azuchi-Momoyama 1573 - 1603	• 1587: erstes Verbot des Christentums	• 1573: Oda Nobunaga erobert Kyoto • 1582: Toyotomi Hideyoshi wird Nobunagas Nachfolger	• 1558 - 1603: Regierungszeit der Königin Elizabeth I. (England) • 1577–80: Sir Francis Drake umsegelt die Erde • 1598: Edikt von Nantes
Edo (oder Tokugawa) 1603 - 1867	• Christenverfolgung • Blütezeit der konfuzianischen Lehren und anderer ethischer Schulen • Das Studium der alten japanischen Schriften kommt auf • 19. Jahrhundert: Aufkeimen verschiedener religiöser Bewegungen	• 1603: Tokugawa gründet das Shogunat in Edo (Tokyo) • 1639: Abschließung der Häfen • 1858: Unterzeichnung des Vertrags von Kanagawa zwischen USA und Japan • 1858: Öffnung der Häfen für westliche Länder	• 1644 - 1912: Qing- Dynastie (China) • ca. 1770: Beginn der Industrialisierung in Großbritannien • 1776: Dreizehn Kolonien in Amerika erklären Großbritannien ihre Unabhängigkeit • 1789: Französische Revolution

Periode	Religion	Jap. Geschichte	Weltgeschichte
Meiji 1868–1912	• Shinto wird als Nationalglaube festgelegt • Trennung von Shinto und Buddhismus • 1873: Verbot des Christentums wird aufgehoben • Buddhistische und andere spirituelle Bewegungen florieren	• 1868: Meiji-Restauration • 1887: Verkündung der Meiji-Verfassung • 1894–95: Chinesisch-japanischer Krieg • 1904–05: Russisch-japanischer Krieg	• 1837–1907: Regierungszeit der Königin Victoria (Großbritannien) • 1869: Der Suezkanal wird eröffnet • 1893: Das Weltparlament der Religionen tagt in Chicago
Taishō 1912–1926	• Die marxistische Ideologie findet großen Zuspruch in Intellektuellenkreisen, wird jedoch von der Regierung unterdrückt	• Kurzzeitiges Aufblühen der Demokratie	• 1914–18: Erster Weltkrieg • 1914: Der Panama-Kanal wird eröffnet • 1917: Russische Revolution
Shōwa 1926–1989	• Staats-Shinto wird zum Nationalglauben erhoben • Soka Gakkai, Reiyukai, Rissho, Koseikai und andere Sekten entstehen • Niedergang des Staats-Shinto nach dem Krieg • Aufkommen „neuer Religionen“	• 30er Jahre: Entstehung ultranationalistischer Gruppierungen. Japanischer Kolonialismus in Korea, China und Südostasien • 1945: Abwurf der Atombomben auf Hiroshima und Nagasaki • 1945–52: Besetzung durch die Alliierten	• 1939–45: Zweiter Weltkrieg • 1949: Gründung der Volksrepublik China • 1950–53: Koreakrieg • 1954–75: Vietnamkrieg

Periode	Religion	Jap. Geschichte	Weltgeschichte
		• rapide Urbanisierung, Erholung der Wirtschaft und Entwicklung der Technik	
Heisei 1989–heute	• 1995: Mitglieder der Aum Shinrikyo-Sekte verüben einen Anschlag mit Saringas auf die U-Bahn in Tokyo	• 1980er Jahre: Wirtschaftsboom • 1990er Jahre: Wirtschaftlicher Einbruch, von dem sich Japan nur langsam erholt • Entstehung des politischen Konservatismus • Rapider Anstieg der Jugendkriminalitätsrate	• 1989: Fall der Berliner Mauer • 2001: Zerstörung alter buddhistischer Statuen in Bamiyan (Afghanistan) durch die Taliban

Register

Die fünf großen Weltreligionen

Jamal J. Elias
Islam
Band 4824
Die konzise Darstellung des muslimischen Glaubens und seiner Praxis im Lebenskreis der Gläubigen in Geschichte und Gegenwart.

Johann Maier
Judentum von A – Z
Glauben, Geschichte, Kultur
Band 5169
Alles Wissenswerte über Geschichte, Vorstellungen und die unterschiedlichen Erscheinungsformen der jüdischen Religion heute.

Cybelle Shattuck
Hinduismus
Band 4823
Die Vielfalt hinduistischer Glaubensrichtungen und die Antwort auf die Frage, wie diese alte Religion den Herausforderungen der Moderne begegnet.

Alan Watts
Buddhismus verstehen
Religion der Nicht-Religion
Band 5567
Buddhismus verstehen heißt Religion als Mittel, nicht als Ziel erfahren. Das Buch eines Meisters – für Einsteiger und Fortgeschrittene, leicht und voller Esprit.

Brian Wilson
Christentum
Band 4826
Die prägnante Darstellung der Glaubensinhalte, der Praxis und der Spiritualität in unserer pluralistischen Welt.